高等教育自学考试同步辅导用书

课程代码 00182

公共关系学

组编 ◆ 麦能网自考研究中心
主编 ◆ 郭瑞杰

中国海洋大学出版社

·青岛·

图书在版编目（CIP）数据

公共关系学 / 郭瑞杰主编. -- 青岛：中国海洋大学出版社，2020.1
高等教育自学考试同步辅导用书
ISBN 978-7-5670-2457-1

Ⅰ. ①公… Ⅱ. ①郭… Ⅲ. ①公共关系学－高等教育－自学考试－教材 Ⅳ. ①C912.31

中国版本图书馆 CIP 数据核字(2020)第 022502 号

出版发行	中国海洋大学出版社		
社　　址	青岛市香港东路23号	邮政编码	266071
出 版 人	杨立敏		
策 划 人	王　炬		
网　　址	http://pub.ouc.edu.cn		
电子信箱	tushubianjibu@126.com		
订购电话	021-51085016		
责任编辑	由元春	电　　话	0532-85902495
印　　制	浙江开源印务有限公司		
版　　次	2020年5月第1版		
印　　次	2020年5月第1次印刷		
成品尺寸	185 mm×260 mm		
印　　张	9.5		
字　　数	170千		
印　　数	1～20000		
定　　价	48.00元		

前言

本书是全国高等教育自学考试管理类专业开设的《公共关系学》课程的配套辅导书，较全面、系统地涵盖了自考教材《公共关系学》（廖为建，2011年版）10章内容的重点和难点。本书在编写之前，对自考政策、最新考纲以及考生的需求进行了深入研究与分析，形成了实用性极强的内容体系，真正做到了学与练的充分结合，是考生学习和教师授课的制胜法宝。

在内容上，本书主要分为三个模块。

第一个模块是"理"。本书整体脉络清晰，对每个考点进行系统梳理，以便考生快速抓住考试重点，做到事半功倍。

第二个模块是"讲"。依托考纲和历年真题把握出题规律，揣摩出题意图，精确提炼考点，并标明考点在教材上的对应页码，以便快速检索，从而使考生的学习更具有系统性、针对性和高效性。

第三个模块是"练"。在考点解读的基础上，配备同步练习和章节训练，方便学生自测、自查，强化学习效果。

尽管在本书成书之前，编者反复审读、质疑、推敲、修改，但难免还有疏漏之处。我们申明：书中的疏漏处我们将及时修订，也望广大读者提出宝贵意见。

麦能网自考研究中心
2019年3月

目 录

1 公共关系概论 / 01
第一节 公共关系的含义 / 01
第二节 公共关系的相关概念与范畴 / 03
第三节 公共关系的历史与发展 / 07
第四节 公共关系的功能 / 09
章节训练 / 10
参考答案及解析 / 11

2 公共关系组织与人员 / 13
第一节 公共关系的组织机构 / 13
第二节 公共关系人员 / 18
章节训练 / 22
参考答案及解析 / 25

3 公共关系对象 / 29
第一节 公众概述 / 29
第二节 公众的分类 / 30
第三节 公众分析举要 / 33
章节训练 / 39
参考答案及解析 / 41

4 公众心理与行为 / 43
第一节 知觉与公众行为 / 43
第二节 需要与公众行为 / 45
第三节 态度与公众行为 / 47
第四节 流行、流言及舆论 / 49
第五节 公众心理的其他方面 / 52
章节训练 / 54
参考答案及解析 / 56

5 公共关系传播模式与媒介 / 58
第一节 公共关系传播模式 / 59
第二节 媒介发展与演进 / 62
第三节 公共关系的传播媒介 / 65
第四节 公共关系的媒介运作 / 71

章节训练 / 74

参考答案及解析 / 76

6 公共关系策划与管理 / 81

第一节　公共关系策划的含义、特征和作用 / 81

第二节　公共关系策划的原则 / 83

第三节　公共关系策划的管理和方法 / 84

章节训练 / 90

参考答案及解析 / 92

7 新闻、广告与整合营销传播 / 95

第一节　新闻传播 / 95

第二节　广告与广告策划 / 97

第三节　整合营销传播 / 101

章节训练 / 103

参考答案及解析 / 106

8 公共关系专题活动 / 108

第一节　展览活动 / 108

第二节　庆典活动 / 111

第三节　赞助活动 / 112

第四节　对外开放参观 / 114

章节训练 / 116

参考答案及解析 / 118

9 组织形象策划与CIS管理 / 121

第一节　组织形象概论 / 121

第二节　组织形象调查 / 124

第三节　组织形象策划 / 126

第四节　CIS的设计、开发与管理 / 128

章节训练 / 130

参考答案及解析 / 131

10 公共关系危机管理 / 133

第一节　公共关系危机管理概念 / 133

第二节　公共关系危机管理实务 / 137

第三节　公共关系危机传播管理 / 139

章节训练 / 141

参考答案及解析 / 143

第一章 公共关系概论

知识框架

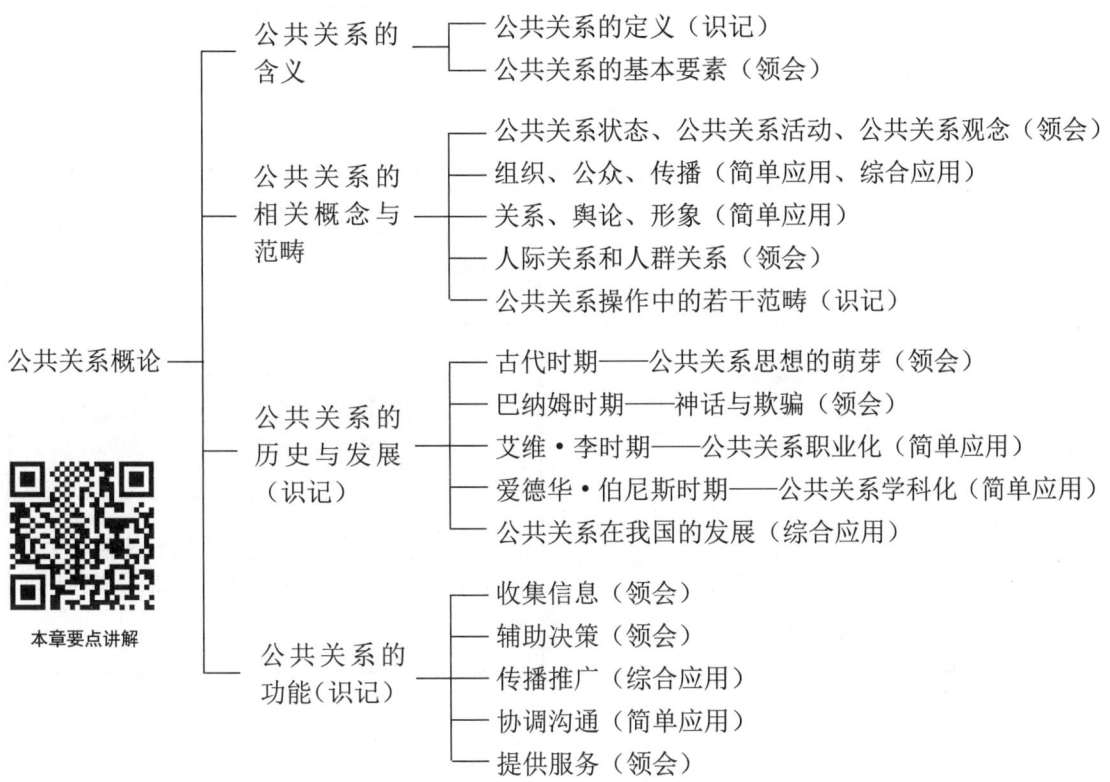

第一节 公共关系的含义

【单选】"公共关系"这个词的本义就是指一个组织与公众之间的关系。（第39页）

考点一 公共关系的定义（第39～41页）

【单选】公共关系有代表性的定义包括：

序号	定义类型	侧重点	代表性权威	定义内容
1	管理论	强调公共关系的管理属性	雷克斯·哈罗	公共关系是一种独特的管理职能
			卡特利普和森特	公共关系是确定、建立和维持一个组织与决定其成败的各类公众之间的互益关系的一种管理功能

续表

序号	定义类型	侧重点	代表性权威	定义内容
2	传播论	侧重于公共关系的传播属性	弗兰克·杰夫金斯	公共关系就是一个组织为了达到与它的公众之间相互了解的确定目标,而有计划地采用一切向内和向外的传播沟通方式的总和
3	传播管理论	管理论+传播论	詹姆斯·格鲁尼格	公共关系是一个组织与其相关公众之间的传播管理
4	咨询论	侧重于公共关系的决策咨询功能	国际公共关系协会发表的《墨西哥宣言》	公共关系是一门艺术和社会科学。它分析趋势,预测后果,向机构领导人提供意见,履行一系列有计划的行动,以服务于本机构和公众的共同利益
5	社会关系论	强调公众性、社会性的关系或活动	蔡尔滋	公共关系是我们所从事的各种活动、所发生的各种关系的通称,这些活动与关系都是公众性的,并且都有其社会意义
6	综合性定义	侧重实践活动	中国劳动与社会保障部编印的《中国职业大词典》	公共关系是从事组织机构公众信息传播、关系协调与形象管理事务的调查、咨询、策划和实施的一种实践活动

同步练习

【2018年4月·单选】侧重从公共关系的传播属性来理解公共关系的学者是(　　)。
A. 雷克斯·哈罗　　　　　　　　B. 弗兰克·杰夫金斯
C. 詹姆斯·格鲁尼格　　　　　　D. 蔡尔滋
【答案】B（第39页）

考点二　公共关系的基本要素（第41～42页）

【单选/简答】公共关系的五个基本要素：第一，公共关系的行为主体是<u>组织机构</u>；第二，公共关系的沟通对象是<u>相关公众</u>；第三，公共关系的工作手段是<u>传播沟通媒介</u>；第四，公共关系的过程是<u>信息的双向交流</u>；第五，公共关系的目标是为<u>组织机构树立良好的公众形象</u>。

同步练习

【2017年10月·单选/2014年10月·单选】公关的行为主体是（　　）。

A. 相关公众　　　　　　　B. 组织机构

C. 传播沟通媒介　　　　　D. 个人

【答案】B（第41页）

第二节　公共关系的相关概念与范畴

考点一　公共关系状态、公共关系活动、公共关系观念（第42～44页）

【单选/多选】公共关系相关概念的具体定义：

相关概念	定义	其他内容	
公共关系状态	即一个组织与其公众环境之间客观上存在的关系状况和舆论状况（包括<u>社会关系状态</u>和<u>社会舆论状态</u>两个方面）	公共关系状态既是组织公共关系活动的基础，也是组织公共关系活动的结果	
公共关系活动（实务）	即运用传播沟通的方法去协调组织的社会关系，影响组织的公众舆论，塑造组织的良好形象，优化组织的运作环境的一系列公共关系工作	公共关系实务活动是组织管理活动的一部分，是一种特殊的组织管理职能	
公共关系观念	是一种影响和制约着组织的政策和行为的<u>经营观念</u>和<u>管理哲学</u>	种类划分	（1）<u>形象观念、公众观念、传播观念、协调观念、互惠观念、服务观念</u>
			（2）现代的<u>信息意识、整体意识、社会意识、竞争意识、危机意识</u>

【多选】当人们自觉地意识到公共关系状态的客观性和公共关系活动的重要性时，便会形成一种特定的公共关系意识或公共关系观念，比如<u>形象观念、公众观念、传播观念、协调观念、互惠观念、服务观念</u>等。

记忆技巧

组句联想记忆法（观念种类顺序打乱，方便记忆）：

组织机构为了在<u>公众</u>面前树立良好<u>形象</u>，通过<u>传播</u>手段，<u>互惠服务</u>，来<u>协调</u>双方关系。

> **同步练习**
>
> 【2017年4月·多选】公共关系的观念包括（　　）。
>
> A. 形象观念　　　　　　　B. 公众观念
>
> C. 传播观念　　　　　　　D. 服务观念
>
> E. 协调观念
>
> 【答案】ABCDE（第43页）

考点二　组织、公众、传播（第44～46页）

【单选】组织、公众、传播是公共关系学中三个最基本的概念，因为它们表达了公共关系现象和活动的三个最基本的要素。

【单选/多选】三者的具体定义：

相关概念范畴	定义
组织	是公共关系活动的主体，即公共关系的承担者、实施者、行为者
公众	是公共关系传播沟通的对象。公众关系是由组织运行过程中涉及的所有个人关系、群体关系、组织关系所共同构成的
传播	传播与沟通是公共关系活动的过程和方式。 组织与公众联结的方式、公共关系的运行机制就是传播与沟通

【多选/简答】公共关系的手段和方式：包括各种人际传播、组织传播、公众传播、大众传播的形式；包括各种言语沟通、文字沟通、非言语和文字沟通的方法；包括各种印刷媒介、电子媒介、实物媒介的技术。

> **同步练习**
>
> 【2016年10月·单选】公共关系的运行机制是（　　）。
>
> A. 传播　　　　　　　　　B. 组织
>
> C. 公众　　　　　　　　　D. 形象
>
> 【答案】A（第46页）

考点三　关系、舆论、形象（第46～48页）

【多选】公共关系作为人类社会关系中的一种特殊形态，有两个主要特征：（1）特指组织与公众之间的关系。（2）特指信息交流的关系。

【简答】为什么说舆论是无形的关系？

（1）因为人的意见、态度直接影响着人的行为，相互之间的行为就是关系。良好的评价相应带来良好的行为和良好的关系；不利的评价则导致不利的行为和不利的关系。

（2）因为组织与公众之间的关系是大范围的，包括许多远距离的、不见面的关系。舆论好意味着公众关系好；舆论不好意味着公众关系不好。

（3）在一定意义上说，公众舆论和公众关系是等价的，是同一事物或现象的不同说法和表述。

【多选】公共关系学研究的舆论包括人际舆论和大众舆论、局部性舆论和全局性舆论、内部舆论和外部舆论、正面舆论和负面舆论等。

【单选】追求良好的组织形象是公共关系活动的重要目标。公共关系是一种以塑造组织形象为己任的传播管理艺术。

【单选】公共关系所说的形象其本质是信誉，重视组织形象实质上是重视组织信誉。组织的公共关系形象的核心是公众对组织信用方面的认知和评价。

【单选/多选】组织各种内在形象要素的完善是形成公共关系形象的客观基础，如产品质量、管理水平、经营作风、企业精神、人员素质、服务态度等。

【多选】组织形象管理的工作就表现为协调关系和影响舆论的公共关系活动。

考点四 人际关系和人群关系（第48～49页）

【单选】人际关系的含义：主要指个人关系、私人关系，即个人在社会交往实践中形成的人与人之间的相互作用和相互影响。从个体关系的角度概括人的各种社会关系。

【简答】公共关系与人际关系的联系。

（1）从内容上看，公共关系包括了一部分人际关系。

（2）从方法上看，公共关系实务也包括了人际沟通的技巧，即面对面的情感交流和说服技巧。良好的个人关系必然有助于组织公共关系的成功。

【简答】公共关系与人际关系的区别。

（1）从主体上看，公共关系的行为主体是组织，人际关系的行为主体仅是个人。

（2）从对象上看，公共关系的对象是与组织相关的所有公众及其舆论，而人际关系则包含许多与组织无关的私人关系对象。

（3）从内容上看，公共关系是一种组织的管理活动与职能，处理的是组织事务和公众事务。人际关系处理的许多私人事务与公众没有关系。

（4）从方式上看，公共关系十分强调运用公众传播和大众传播的方式做远距离、大范围的公众沟通，人际关系则比较局限于面对面、个体对个体的交流方式。

【单选】人群关系的含义：这一概念属于管理心理学、行为科学的范畴，主要指群体内部活动和组织管理过程中人与人、人与群体的关系。即从管理的角度，研究群体内部人的需要、动机、态度、行为及相互关系对组织效率、群体活力的作用和影响。

【简答】公共关系与人群关系的联系。

（1）人群关系主要指组织内部的人际关系，而良好的内部关系是公共关系的基础。

（2）与内部公众沟通，协调内部关系也是公共关系实务的重要内容。

（3）公共关系学也要借助行为科学、管理心理学的理论和方法来分析人群的心理特征和行为规律，以便科学地处理人群关系。

【简答】公共关系与人群关系的区别。

（1）公共关系不局限于组织和群体内部的传播、沟通，还包括大量的外部关系，要面对复杂的社会公众环境。

（2）公共关系不局限于管理现场直接面对面的群体关系和个人关系，还需要特别关注不直接见面的、远距离的人群沟通，并十分重视人群环境的长远变化和发展趋势。也就是说，公共关系需要兼顾内部和外部的关系、眼前和未来的关系。公共关系比人群关系的内容更复杂，范围更广泛。

考点五 公共关系操作中的若干范畴（第49～52页）

【多选】公共关系操作的若干范畴包括：(1)交际。(2)宣传与新闻。(3)广告。(4)营销推广。(5)公共事务。(6)游说。(7)开发。(8)论题处理。(9)危机管理。

【单选】交际：指人与人之间面对面的直接交往，借助于个人媒介所进行的相互沟通，也即"人际沟通"，它是公共关系的传播方式之一。

【单选】宣传是一种单向的心理诱导、行为影响和舆论控制方式。

【单选/多选】新闻兼具报道和宣传两重功能，在公共关系的实践发展过程中，产生一种介乎客观的新闻报道与主观的宣传活动之间的"公共关系新闻传播"现象，即公共关系实务活动中的"发布新闻"和"制造新闻"。

【单选】广告是一种付费传播，即广告主付费购买传播媒介的使用权（如报纸的版面、电视的播出时间）来推销其产品、服务或观念。

【单选】营销推广是在以等价交换为特征的市场推销和交易活动中，工商业组织以各种手段向顾客宣传产品，以激发他们的购买欲望和行为，扩大产品销售量的一种经营活动。

【单选】公共事务主要指一个组织与政府部门、公共政策、公众利益、社区事务相关的活动。政府、社会团体、非营利机构的公共关系工作，常常使用这一概念。

【单选】游说是个人或组织有目的地利用语言、文字或其他传播媒介对特定信息进行讲解、说明，以鼓动受众按照自己的意图行事的一种劝服性传播。游说较多地运用在公共事务（尤其是政治事务）之中。

【单选】文化、教育、艺术、福利、慈善、宗教、社团等组织，运用传播的力量去发展会员、筹措经费，争取资源等，被称为公共关系开发活动。

【单选】论题处理又称作问题管理。主要指公共关系人员对正在出现的问题（特别是将要进入立法程序的、有争议的问题）以及这种问题对组织的潜在影响进行分析、预测并施加影响，以帮助组织制定应变的对策和措施。

【多选】危机管理包括两个方面的含义：（1）处理公共关系危机；（2）用公共关系的策略和方法来处理危机。

第三节　公共关系的历史与发展

【单选】公共关系作为一门学科，最早产生于美国。（第52页）

考点一　古代时期——公共关系思想的萌芽（第52～53页）

【单选】古希腊哲学家亚里士多德在他的经典著作《修辞学》一书中，详细阐述了修辞的艺术，即如何运用语言来影响听众的思想和行为的艺术。亚里士多德的《修辞学》堪称最早问世的公共关系学的理论书籍。

考点二　巴纳姆时期——神话与欺骗（第53～54页）

【单选】19世纪中叶在美国风行的报刊宣传活动，是公共关系的发端时期，被认为是现代公共关系业的前身。当时最有名的代表人物叫巴纳姆，故将公共关系发展史的这一段时期称为巴纳姆时期。

【单选】巴纳姆的信条是"凡宣传皆好事"。

【单选】该时期显著特点：为了使自己和公司扬名，置公众利益于不顾，任意编造谎言和神话，利用新闻媒介愚弄公众。

【多选】据统计，1903年至1912年的10年间，有20 000多篇揭丑文章发表，同时还有社论和漫画，形成了美国近代史上著名的"清垃圾运动"（又称为"扒粪运动""揭丑运动"）。

考点三　艾维·李时期——公共关系职业化（第54～55页）

【单选】1903年，艾维·李开办了第一家宣传顾问事务所，成为向客户提供劳务而收取费用的第一个职业公共关系人，现代公共关系职业化由此发端。艾维·李是公共关系职业化时期的代表人物。

【单选】艾维·李作为公共关系之父，不仅首创了公共关系这一专门职业，而且，他提出的"说真话""公众必须被告知"的命题将公共利益与诚实带进了公共关系的领域。

同步练习

【2017年4月·单选】被誉为公共关系之父的是（　　）。

A. 雷克斯·哈罗　　　　　　B. 艾维·李
C. 爱德华·伯尼斯　　　　　D. 詹姆斯·格鲁尼格

【答案】B（第55页）

习题讲解

考点四　爱德华·伯尼斯时期——公共关系学科化（第55～56页）

【单选】美国学者爱德华·伯尼斯是公共关系学科化的一名旗手。

【单选】爱德华·伯尼斯在1923年出版了被称为公共关系理论发展史的"第一个里程碑"的专著——《公众舆论的形成》。

【单选】爱德华·伯尼斯提出"投公众所好"的主张。

【单选】1952年，美国的卡特利普和森特俩人出版了权威性的公共关系专著《有效的公共关系》，论述了"双向对称"的公共关系模式，在美国被誉为"公共关系的圣经"。

【多选】美国当代著名公共关系学者詹姆斯·格鲁尼格的"卓越研究"衡量测定卓越公共关系和传播管理的程度，其分布在涉及卓越传播的3个层次里，并有包容性。（1）传播核心层，即传播部门的知识基础。（2）知识核心层，指高级传播人员和高层管理人员对传播功能和作用的共识。（3）文化核心层，即组织文化，一个组织的文化提供了培育或抑制卓越传播的更大背景。

【单选】格鲁尼格教授研究了卓越公共关系和传播管理理论的全球化问题，提出了"普遍原则，特殊运用"的公共关系全球化理论。

同步练习

【2018年10月·单选】被称为公关理论发展史的第一个里程碑的著作是（　　）。

A. 公众舆论的形成　　　　　B. 公共关系学
C. 修辞学　　　　　　　　　D. 高卢战记

【答案】A（第55页）

考点五 公共关系在我国的发展（第 56～57 页）

【单选】随着改革、开放和市场经济的发展，公共关系在 20 世纪 80 年代初传进我国。

【单选】1987 年在北京成立中国公共关系协会，标志着公共关系在国内已得到正式的确认和接受；1991 年成立中国国际公共关系协会，标志着中国的公共关系与国际接轨。

【多选】公共关系传入我国以后适应了我国改革开放与现实发展的需要。（1）公共关系适应了对外开放的需要。（2）公共关系适应了体制改革的需要。（3）公共关系适应了市场经济发展的需要。（4）公共关系适应了安定团结、社会稳定的需要。

第四节 公共关系的功能

考点一 公共关系的功能（第 57～61 页）

【多选】公共关系 5 个最基本的功能：收集信息、辅助决策、传播推广、沟通协调、提供服务。

【简答/论述】试述公共关系的功能。

序号	功能	具体内容
1	收集信息	（1）与组织形象有关的信息。包括产品形象信息、组织形象信息。（2）组织环境中的各种社会信息。公共关系所收集的信息具有宏观性和社会性
2	辅助决策	（1）为确立决策目标提供咨询建议。（2）为决策提供信息服务。（3）协助拟订和选择决策方案。（4）评价决策效果
3	传播推广	（1）创造舆论，告知公众。（2）强化舆论，扩大影响。（3）引导舆论，控制形象
4	协调沟通	（1）协调内部关系，增强组织凝聚力。（2）开展社会沟通，建立和谐的社会环境
5	提供服务	（1）在组织内部为各个业务部门和职能部门服务。（2）在组织外部提供社会服务

【单选】产品形象是组织形象的客观基础。

【单选/多选】组织的整体形象，还反映在公众对组织其他要素的评价。这些要素主要包括：其一，公众对组织机构的评价。其二，公众对组织管理水平的评价。其三，公众对组织人员素质的评价。其四，公众对组织服务素质的评价。其中很重要的是对客户的服务承诺及承诺的兑现。

【单选】公共关系辅助决策的这一功能是组织其他管理活动所不可取代的。

【多选／简答】公共关系传播推广功能的具体内容包括：（1）创造舆论，告知公众。（2）强化舆论，扩大影响。（3）引导舆论，控制形象。

【单选】"告知公众"，形成舆论，是公共关系传播最基本的功能。

【单选】传播推广是公共关系活动的主要方式，也是其关键环节。

【单选】协调沟通是公共关系的根本功能，社会组织的形象主要是在不断协调沟通的过程中建立和发展起来的。

同步练习

【2016年10月·多选】公共关系的最基本功能包括（　　）。

A. 收集信息　　　　　　　　B. 辅助决策

C. 传播推广　　　　　　　　D. 协调沟通

E. 提供服务

【答案】ABCDE（第57页）

章节训练

一、单项选择题

1. 影响和制约组织政策及行为的经营观念、管理哲学被称为（　　）。

　　A. 公共关系观念　　　　　　B. 公共关系状态

　　C. 公共关系活动　　　　　　D. 公共关系实务

2. 公共关系的过程和方式是（　　）。

　　A. 传播　　　　　　　　　　B. 组织

　　C. 公众　　　　　　　　　　D. 形象

3. 最早问世的公共关系学理论书籍是（　　）。

　　A.《修辞学》　　　　　　　　B.《论语》

　　C.《大学》　　　　　　　　　D.《理想国》

4. 公共关系作为一门学科最早产生于（　　）。
   A. 美国　　　　　　　　　　B. 英国
   C. 葡萄牙　　　　　　　　　D. 荷兰

5. 公共关系职业化时期的代表人物是（　　）。
   A. 艾维·李　　　　　　　　B. 爱德华·伯尼斯
   C. 巴纳姆　　　　　　　　　D. 詹姆斯·格鲁尼格

6. 在美国，被誉为"公共关系的圣经"的著作是（　　）。
   A.《公共关系学》　　　　　　B.《原则宣言》
   C.《公众舆论的形成》　　　　D.《有效的公共关系》

7. 公共关系传播推广功能的内容不包括（　　）。
   A. 强化舆论，扩大影响　　　B. 引导舆论，控制形象
   C. 创造舆论，告知公众　　　D. 传播舆论，造成声势

二、多项选择题

下列有关艾维·李这一公共关系代表人物的表述正确的有（　　）。
   A. 是公共关系之父　　　　　B. 是第一个职业公共关系人
   C. 提出了"公众必须被告知"的命题　　D. 是公共关系学科化的一名旗手
   E. 首创了"公共关系"这一专门职业

三、简答题

简述公共关系的基本要素。

参考答案及解析

一、单项选择题

1.【答案】A（第43页）

【解析】公共关系观念是一种影响和制约着组织的政策和行为的经营观念和管理哲学。

2.【答案】A（第45页）

【解析】传播与沟通是公共关系活动的过程和方式。

3.【答案】A（第52页）

【解析】亚里士多德的《修辞学》堪称最早问世的公共关系学的理论书籍。

4.【答案】A（第52页）

【解析】公共关系作为一门学科，最早产生于美国。

5.【答案】A（第54页）

【解析】1903年，艾维·李开办了第一家宣传顾问事务所，成为向客户提供劳务而收取费用的第一个职业公共关系人，现代公共关系职业化由此发端。

6.【答案】D（第56页）

【解析】1952年，美国的卡特利普和森特俩人出版了他们的权威性的公共关系专著《有效的公共关系》，论述了"双向对称"的公共关系模式，在美国被誉为"公共关系的圣经"。

7.【答案】D（第59页）

【解析】公共关系传播推广功能的内容包括：创造舆论，告知公众；强化舆论，扩大影响；引导舆论，控制形象。

二、多项选择题

【答案】ABCE（第54～55页）

【解析】美国学者艾维·李成为第一个职业公共关系人，提出"说真话""公众必须被告知"的命题，是公共关系之父。美国学者爱德华·伯尼斯是公共关系学科化的一名旗手。

三、简答题

【答案】从公共关系的各种不同的定义表述中可以归纳出"公共关系"的五个基本要素：

第一，公共关系的行为主体是组织机构。

第二，公共关系的沟通对象是相关公众。

第三，公共关系的工作手段是传播沟通媒介。

第四，公共关系的过程是信息的双向交流。

第五，公共关系的目标是为组织机构树立良好的公众形象。（第41～42页）

第二章 公共关系组织与人员

◆ 知识框架

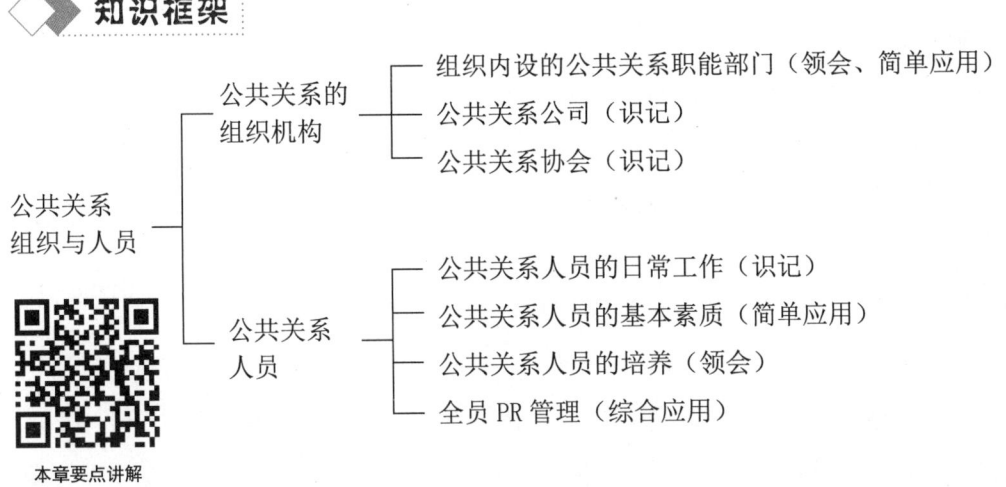

本章要点讲解

【单选】公共关系的**主体**是执行公共关系任务、实现公共关系功能的载体和行为者，即各类社会组织。（第62页）

【单选】**广义**的公共关系主体指的是任何有目的、有系统地组织起来，具有特定功能和任务、具有社会行为能力的社会组织。**狭义**的公共关系主体主要指专门执行公共关系职能的公共关系机构及人员。（第62页）

第一节 公共关系的组织机构

【多选】公共关系的组织机构：组织内设的公共关系职能部门、专业的公共关系公司和独立的公共关系社团组织。（第62页）

考点一 组织内设的公共关系职能部门（第62～66页）

【单选/多选】从工作性质上看，公共关系的职能是传播性、沟通性的。公共关系部门的职能目标和业务内容完全不同于其他的职能部门。在没有专门的公共关系职能部门之前，组织的传播与沟通活动是分散的、随机的、不系统的。公共关系职能的形成是现代组织管理职能演化的结果。

【单选】组织的传播与沟通活动职能化是现代信息社会的一个特点：信息传播与沟通日益成为组织经营管理的专业手段。

【单选】从管理作用上看，公共关系部门在组织总体中扮演一种"边缘""中介"的角色。

【多选】公共关系部门在组织中担负着建立联系、沟通信息、咨询建议、策划组织、协调行动、辅助服务等责任。

【单选】国外组织中公共关系机构的名称较多使用"公共关系部"。

【多选】我国政府较少使用"公共关系部"的名称，更多使用"公共信息部""传播部""新闻部""公共事务部"等名称。我国政府中的"新闻办""信访局（处）""交际处""联络处""对外宣传处"等，也是公共关系性质的职能部门。

【多选／简答】组织内部设置公共关系部门的4种基本模式：

（1）部门隶属型。即公共关系部门附属于组织的某个职能部门，至于具体附属于哪一类部门，可视需要而定。一般来说，可隶属于传播沟通的业务较集中、较繁重的部门。比如：① 归属于销售部门；② 归属于广告或宣传部门；③ 归属于联络接待部门；④ 归属于办公室。

（2）部门并列型。

（3）高层领导直属型。部门处于整个组织的第3个层次，但并不隶属于哪个二级机构，而是直属于组织的最高层领导。

（4）公共关系委员会。特别是当组织需要筹办大型的公共关系活动项目时，可以设立专项性的、跨部门的公共关系协调委员会，发挥公共关系"总调度"的作用。

> **记忆技巧**
>
> **数字记忆法**：3型1会，从低级到高级。

【单选】公共关系部门归属于广告或宣传部门。这种归属容易忽视公共关系在分析公众、反馈信息、辅助决策和协调关系方面的职能，或忽视公共关系在经营管理、市场行销等方面的作用。

【单选】公共关系部门归属于办公室。此种归属便于最高领导的直接指挥，亦不过分偏重某一方面的功能，它属于一种比较灵活的又便于掌握的形式。

【多选】公共关系部门的内部分工（3个方面）：

序号	类型	内容
1	对内关系	处理<u>员工关系</u>、<u>部门关系</u>、<u>股东关系</u>等
		处理这些关系主要运用<u>职工调查</u>、<u>编印内部刊物</u>、<u>举办职工活动</u>、<u>撰写年度报告</u>、<u>召开股东大会</u>等方法和手段
2	对外关系	指<u>政府关系</u>、<u>社区关系</u>、<u>媒介关系</u>、<u>顾客关系</u>等
3	专业技术制作	如<u>文字写作</u>、<u>平面设计</u>、<u>摄影美工</u>、<u>编辑印刷</u>、<u>广告推销</u>、<u>专题活动</u>等

【多选／简答】简述组织内设公共关系部门的特点。

从公共关系操作的角度看，一个组织自设公共关系部门具有以下特点：(1)<u>了解内情</u>。(2)<u>便于协调</u>。(3)<u>效率较高</u>。(4)<u>成本较低</u>。(5)工作受到组织内部因素的制约，<u>难以完全做到客观公正</u>。因此，公共关系工作常常需要寻求外界的协助，即聘请专业的公共关系公司或公共关系顾问。

> **同步练习**
>
> 【2016年4月·单选】从管理作用上看，公共关系部门在组织中扮演的角色是（　　）。
> A. 领导角色　　　　　　　　　　B. 中介角色
> C. 监督角色　　　　　　　　　　D. 核心角色
> 【答案】B（第63页）

考点二　公共关系公司（第66～68页）

【多选】公共关系公司是<u>公共关系咨询公司</u>、<u>公共关系顾问公司</u>、<u>公共关系事务所</u>、<u>公共关系服务公司</u>等独立的公共关系服务机构的统称。

【单选】在我国，自 <u>1985 年 1 月美国伟达公共关系公司</u>在北京设立办事处以后，才逐渐出现这种新兴的专业公司；同年 8 月，美国博雅公共关系公司与中国新闻发展公司签约成立<u>中国环球公共关系公司</u>，这是我国第一家公共关系专业公司。随后，公共关系公司在我国蓬勃发展起来，这类公司为我国的公共关系事业开拓了新的前景。

【单选／多选】公共关系公司的类型：(1)按内部业务划分有<u>专项业务服务公司</u>、<u>专门业务服务公司</u>、<u>综合服务咨询公司</u>三种。(2)按经营方式划分有<u>合作型公司</u>和<u>独立型公司</u>两种。

【多选/简答】简述公共关系公司的组织机构。

大中型公共关系公司一般由以下几部分组成：(1) 行政部门。(2) 规划审计部门。(3) 专业技术部门。(4) 国际和地区部门。

【论述】试述公共关系公司的经营范围。

序号	经营范围	内容
1	咨询诊断	即总体的公共关系顾问咨询，如为客户进行企业或产品形象研究，做公共关系诊断，制定公共关系规划，为客户设计公众形象，为经营决策做参谋，提供专业化的公共关系顾问服务
2	联络沟通	协助客户与有关的公众联络沟通，建立和维持良好关系，如政府关系、社区关系、名流关系等
3	收集信息	为客户收集、汇编有关的信息、情报资料，如新闻剪报、市场信息、民意测验资料，以及各种政治、经济、金融、文化、科技等社会情报
4	新闻代理	为客户策划新闻传播，包括为客户撰写和制作新闻稿件，选择新闻媒介，与新闻界建立联系，组织新闻发布会
5	广告代理	为客户设计、制作公共关系广告、企业广告，做广告投资计划，做效果检测分析
6	推介产品	协助客户推广产品，制造有利的市场气氛
7	会议服务	为客户计划、组织大型会议，如信息交流会、经验研讨会、产品展销会、专题展览会、公众对话会等
8	策划活动	为客户策划、组织各种专题公共关系活动，如剪彩仪式、周年庆典、联谊活动，以及与社区、文化、体育、慈善、福利等有关的大型公众活动
9	礼宾服务	为客户安排、组织重要的外交活动，如贵宾和要人的访问参观、大型宴会等
10	印刷制作	为客户设计、编制、印刷各种文字宣传资料和纪念品，如介绍性书籍，公共关系杂志，宣传画册或活页，宣传介绍产品或服务，以及代表企业标识的徽记、商标、招牌、纪念品制作等
11	音像制作	为客户制作影片、录像带、录音带等视听材料
12	培训服务	举办公共关系和传播人员的技术培训班，培训公共关系人员或特定的传播人员

【多选/简答】公共关系公司服务的特点。

(1) 较为客观公正。

(2) 技术全面,专业性强。

(3) 较灵活,适应性强。

(4) 关系较疏远。

(5) 运作成本较高。

考点讲解

同步练习

【2018年10月·多选】以内部业务为标准可将公关公司划分为(　　)。

A. 专项业务服务公司　　　　B. 合作型公司

C. 独立型公司　　　　　　　D. 专门业务服务公司

E. 综合服务咨询公司

【答案】ADE(第66页)

习题讲解

考点三　公共关系协会 (第68～69页)

【单选】公共关系协会是公共关系的专业性社团组织,是非官方、非营利的群众社团组织。

【单选】行业性协会的建立和发展,是公共关系成熟程度的一个标志。

【单选】国际公共关系协会成立于1955年。随着公共关系的发展,公共关系协会也在我国各地广泛出现,1986年11月上海市公共关系协会成立。1987年6月,中国公共关系协会成立。

【多选/简答】公关协会的主要活动内容:(1)联络会员。(2)规范本行业的职业道德和行为准则,维护本行业的形象和声誉。(3)专业培训。(4)普及知识。(5)编辑出版刊物。

同步练习

【2018年10月·单选】中国公关协会成立的时间是(　　)。

A. 1985年　　　　　　　　B. 1986年

C. 1987年　　　　　　　　D. 1991年

【答案】C(第68页)

第二节　公共关系人员

【单选】在欧美国家，对公共关系人员的称呼有<u>公共关系从业人员</u>、<u>公共关系人员</u>、<u>公共关系官员</u>，尚未见公共关系小姐之类的称呼。

【单选】从一种较窄的范围来理解，以从事公共关系实践工作为职业的人员，可称为<u>公共关系人员</u>；从一种宽泛的范围来理解，它指的是以从事公共关系理论研究、教学活动和实践工作为职业的人员，国内学者喜欢把这些人员统称为公共关系工作者。

考点一　公共关系人员的日常工作（第69～70页）

【多选/简答】简述公共关系领导人员及其日常工作。

<u>公共关系领导人员</u>是指公共关系部门的<u>经理</u>、<u>主任</u>，即负责人，是公共关系机构的领导者和管理者。要负责统筹策划公共关系活动的全部环节，是组织中举足轻重的人物。

日常工作为：（1）<u>确定工作目标</u>，<u>制定工作计划</u>。（2）对<u>人力</u>、<u>经费</u>、<u>设备</u>、时间加以<u>预算和分配</u>。（3）领导全体公共关系人员<u>开展工作</u>。（4）<u>内调外联</u>，协调各方关系。

【多选】公共关系领导人的特殊工作为：（1）<u>出席组织最高领导层的工作会议</u>，参与组织最高层的决策活动。（2）<u>充当组织的发言人</u>，主持由组织主办的新闻发布会，负责向社会各界人士解释说明组织的有关政策和行为。（3）<u>充当组织的外交代表</u>，出席主持各种社交活动，在本组织与其他组织或公众的交往活动发生重大问题时，亲自到现场处理解决。

【多选/简答】简述公共关系一般人员的构成类型。

公共关系一般人员是指在组织内部公共关系机构中工作的各类人员。其分类有：

序号	构成类型	主要任务
1	<u>调查分析人员</u>	收集信息、预测公众动向和社会发展趋势，评估组织的形象和公共关系的工作效果，并寻找其形成的原因
2	<u>计划人员</u>	根据分析人员提供的资料，提出公共关系活动的目标、计划和方案，设计公共关系的项目
3	<u>传播人员</u>	按照既定的公共关系目标、计划和方案去开展、管理公共传播活动
4	<u>文秘人员</u>	撰写新闻稿、演讲稿、广告文稿、宣传手册、报刊文章、计划书和报告书、简报与通告、来往信函、起草文件等
5	<u>专门技术人员</u>	这主要是指财务人员、美工人员、摄影摄像人员、微机技术人员等

同步练习

【2018年4月·多选】公关领导人员的特殊工作包括（　　）。

A. 确定工作目标与制定工作计划　　B. 领导全体公关人员开展工作

C. 出席组织最高领导层的工作会议　　D. 充当组织的发言人

E. 充当组织的外交代表

【答案】CDE（第69～70页）

考点二　公共关系人员的基本素质（第70～73页）

【单选/多选/简答/论述/案例分析】公共关系人员的基本素质如下：

序号	基本素质	类型	
1	公共关系意识	（1）形象意识。（2）服务意识。（3）互惠意识。（4）沟通意识。（5）长远意识。（6）创新意识	
2	心理素质	自信、热情、开放	
3	知识结构和能力结构	（1）知识结构	① 公共关系的基本理论知识； ② 公共关系的基本实务知识
		（2）能力结构	① 较强的文字和口头表达能力； ② 良好的组织能力； ③ 健全的思维和谋划能力； ④ 敏锐的观察能力； ⑤ 很好的自制自控和灵活应变的能力； ⑥ 善于与他人交往的能力； ⑦ 掌握政策、理论的能力

【单选】定义：公共关系意识是对公共关系的本质属性、特征、作用及活动规律、方法等，经过思维得到理论认识，并形成概括性的见解。

【单选】形象意识是公共关系意识的核心。

【单选】互惠意识是公共关系的功利意识。

【单选】沟通意识，实际上也可以说是一种信息交流的意识。

【单选】自信，是对公共关系人员职业心理的最基本的要求。古人云："自知者明，自信者强。"

【单选】从事公共关系工作的人员应有一种热情的心理。公共关系不是一种整天吃吃喝喝、玩玩乐乐的轻松的工作，而是一种需要付出大量智力和体力劳动的艰辛的工作；很多公共关系人员脑中几乎都没有8小时工作制的概念，他们有的只是加班加点超负荷工作的习惯。

【单选】公共关系工作是一种创造性很强的工作，这种工作要求公共关系人员具备开放的心理。

【多选／简答】公共关系的基本理论知识包括：公共关系的基本概念；公共关系的由来和历史沿革；公共关系的职能；公共关系活动的基本原则；公共关系的三大要素（社会组织、公众和传播）的概念和类型；不同类型公共关系工作机构的构建原则和工作内容；公共关系工作的基本程序；等等。

【多选／简答】公共关系的基本实务知识包括：公共关系调研、公共关系活动策划、公共关系活动实施和评估、公众分析、与各类公众打交道、社交礼仪的知识等。

记忆技巧

缩字记忆法："三公共，两公众，一礼仪"。

【单选】能写会说是公共关系对公共关系人员的最基本要求。

【单选】健全的思维和谋划能力。古人云："人可以谋人，可以谋事，亦可以谋天，亦可以谋地。谋则变，不谋则不得变，谋则成，不谋则不得成。"可见，事成于谋。公共关系人员必须具备健全的谋划能力。

同步练习

【2018年4月·单选】公关意识的核心是（　　　）。
A. 形象意识　　　　　　　　B. 沟通意识
C. 互惠意识　　　　　　　　D. 创新意识
【答案】A（第70页）

考点三　公共关系人员的培养（第 73～79 页）

【单选】公共关系人员的培养目标：(1) 培养通才式公共关系人才。(2) 培养专才式的公共关系人才。

【单选】通才式的公共关系人才，可视为领导型人才。专才式的公共关系人才，可视为具体公共关系工作人才。

【单选/多选】领导型人才的定位是：懂管理、会策划、善传播。

【多选】公共关系人员培养的原则：(1) 科学理论知识与思想品德教育相结合。(2) 理论与实践相结合。(3) 因材施教、因人施教。(4) 专业知识和综合知识相结合。

【多选】公共关系人员培养的途径：(1) 大学本科教育。(2) 大专培训班。(3) 函授教育。(4) 公共关系培训班。(5) 全员公共关系培训。此外，还有见习培训，聘请专家、学者指导等形式。

【单选/多选】全员公共关系培训，重点是思想教育和意识教育，培养全员的公共关系意识；其次是公共关系知识的普及教育。

【多选】公共关系培训的教育内容，可分为课程设置和职业道德教育两个部分。

【多选/简答】公共关系人员在工作中应遵守下列道德规范：(1) 公正。(2) 正派。(3) 对社会负责。(4) 真实。(5) 保密。

【单选】真实是公共关系工作的生命线。

【单选】我国于 1989 年 9 月 27 日，在全国省市公共关系组织第二次联席会议上提出《〈中国公共关系职业道德准则〉草拟及实施方案》。

【单选】现在国家职业资格工作委员会公共关系专业委员会已经成立，这说明在我国公共关系已得到国家有关部门的认可。

同步练习

【2018 年 4 月·多选】公关人员在工作中应遵守的道德规范有（　　　　）。

A. 公正　　　　　　　　　　B. 正派

C. 对社会负责　　　　　　　D. 真实

E. 保密

【答案】ABCDE（第 76～77 页）

考点四　全员 PR 管理（第 79～80 页）

【多选】作为一种管理职能，公共关系的重要责任是管理一个组织的无形资产：<u>知名度</u>、<u>美誉度</u>。

【简答】<u>全员 PR 管理</u>的定义：即通过全员的公共关系教育与培训，增强全员的公共关系意识，提高全员公共关系行为的自觉性，加强整体的公共关系配合与协调，形成浓厚的组织公共关系氛围与公共关系文化。

【多选／简答】全员 PR 管理包括：(1) 领导的公共关系<u>意识</u>。(2) 全员的公共关系<u>配合</u>。(3) 组织的公共关系<u>氛围</u>。

【简答】具体职能部门或基层的负责人，需要了解自己的公共关系责任：(1) 弄清公共关系与自己的工作职责的关系。(2) 努力使所属部门的业务支持整体公共关系目标。(3) 在工作中及时向公共关系人员寻求忠告和协作。(4) 让公共关系部门了解本部门的计划、作业、人员变动及新产品等最新信息。

【多选】从不同角度涉及组织整体的声誉和形象的有：<u>生产部门的质量问题</u>，<u>销售部门的服务态度问题</u>，<u>人事部门的职工关系</u>，<u>宣传部门的新闻界关系</u>，<u>办公室的社区关系</u>，<u>门卫的仪表仪态</u>，<u>电话总机接线员的服务态度</u>等。

【单选】全员公共关系有赖于在组织内部形成一种浓厚的公共关系<u>风气</u>、公共关系<u>氛围</u>。

【单选】<u>良好的形象能使一个企业组织所拥有的实物资产增值；恶劣的形象会使一个企业组织的有形资产贬值</u>。

章节训练

一、单项选择题

1. 中国第一家公共关系专业公司是（　　）。
   A. 伟达公共关系公司　　　　B. 博雅公共关系公司
   C. 中国环球公共关系公司　　D. 易神州公共关系公司

2. 将公关公司划分为专项业务服务公司、专门业务服务公司、综合服务咨询公司所依据的标准是（　　）。
   A. 经营方式　　　　　　　　B. 内部业务
   C. 外部业务　　　　　　　　D. 隶属关系

3. 国际公关协会成立的时间是（　　）。

　　A. 1955 年　　　　　　　　　　　B. 1985 年

　　C. 1986 年　　　　　　　　　　　D. 1987 年

4. 信息交流意识也称为（　　）。

　　A. 形象意识　　　　　　　　　　B. 沟通意识

　　C. 互惠意识　　　　　　　　　　D. 创新意识

5. 对公关人员职业心理最基本的要求是（　　）。

　　A. 热情　　　　　　　　　　　　B. 开放

　　C. 创新　　　　　　　　　　　　D. 自信

6. "人可以谋人，可以谋事，亦可以谋天，亦可以谋地。谋则变，不谋则不得变，谋则成，不谋则不得成。"说明公关人员应具备（　　）。

　　A. 文字和口头表达能力　　　　　B. 良好的组织能力

　　C. 思维和谋划能力　　　　　　　D. 观察能力

7. 公共关系对公关人员能力的最基本要求是（　　）。

　　A. 良好的组织能力　　　　　　　B. 健全的思维和谋划能力

　　C. 敏锐的观察能力　　　　　　　D. 文字和口头表达能力

8. 通才式的公关人才可视为（　　）。

　　A. 咨询型人才　　　　　　　　　B. 领导型人才

　　C. 智囊型人才　　　　　　　　　D. 辅助型人才

9. 《〈中国公共关系职业道德准则〉草拟及实施方案》提出的时间是（　　）。

　　A. 1985 年　　　　　　　　　　　B. 1986 年

　　C. 1987 年　　　　　　　　　　　D. 1989 年

10. 中国公关职业获得国家有关部门认可的标志是（　　）。

　　A. 国家职业资格工作委员会公关专业委员会的成立

　　B. 全国公关职业审定委员会的成立

　　C. 公关职业道德准则的出台

　　D. 公关协会的成立

二、多项选择题

1. 在我国政府中，具有公共关系性质的部门有（　　）。

　　A. 新闻办　　　　　　　　　　　B. 信访局

C. 交际处　　　　　　　　　D. 联络处

E. 对外宣传处

2. 部门隶属型公关部门一般隶属于（　　）。

A. 销售部门　　　　　　　　B. 公关委员会

C. 联络接待部门　　　　　　D. 总经理办公室

E. 广告或宣传部门

3. 按经营方式，公共关系公司可划分为（　　）。

A. 合作型公司　　　　　　　B. 独立型公司

C. 专项业务服务公司　　　　D. 专门业务服务公司

E. 综合服务咨询公司

4. 公关公司服务的特点包括（　　）。

A. 较为客观公正　　　　　　B. 技术全面，专业性强

C. 较灵活，适应性强　　　　D. 关系较疏远

E. 运作成本较低

5. 公关协会的主要活动内容有（　　）。

A. 联络会员　　　　　　　　B. 规范公关道德

C. 专业培训　　　　　　　　D. 普及知识

E. 编辑出版刊物

6. 公关基本实务知识包括（　　）。

A. 公关调研知识　　　　　　B. 公关策划知识

C. 公众分析知识　　　　　　D. 社交礼仪知识

E. 公关评估知识

三、简答题

1. 组织内设公关部门的基本模式有哪些？
2. 简述公共关系一般人员的构成类型。
3. 简述公共关系人员的公关意识。

四、论述题

试述公共关系人员的基本能力。

五、案例分析题

英国航空公司客机008号班机，准备从日本东京返回伦敦时，因飞机故障起飞推迟20小时。为了不使在东京等候此班机回伦敦的乘客耽误行程，英国航空公司公关人员及时与这些乘客沟通并帮助这些乘客换乘其他公司的飞机。经过公关人员的努力，其中190名乘客欣然接受了英航公司的妥当安排，分别改乘别的班机飞往伦敦。但其中有一位日本老太太大竹秀子说什么也不肯换乘其他班机，坚决要乘英航公司的008号班机。无奈，公关人员只好与公司协商，重新安排008号班机从伦敦起飞，达东京后返回伦敦。于是，东京至伦敦返航的008号班机上只载着一名旅客——大竹秀子。据估计，这次只有一名乘客的国际航班使英国航空公司至少损失10万美元。然而正是由于英国航空公司公关人员的努力，使英航公司在世界各国来去匆匆的顾客心目中换取了一个用金钱也难以买到的良好形象。

问题：

（1）请用所学知识分析英航公司公关人员所具备的基本素质。

（2）除案例反映出的公关人员基本素质之外，公关人员还应具备何种素质？

习题讲解

参考答案及解析

一、单项选择题

1.【答案】C（第66页）

【解析】1985年8月，美国博雅公共关系公司与中国新闻发展公司签约成立中国环球公共关系公司，这是我国第一家公共关系专业公司。

2.【答案】B（第66页）

【解析】公共关系公司的类型按内部业务划分有专项业务服务公司、专门业务服务公司、综合服务咨询公司三种。

3.【答案】A（第68页）

【解析】国际公共关系协会成立于1955年。

4.【答案】B（第71页）

【解析】沟通意识，实际上也可以说是一种信息交流的意识。

5. 【答案】D（第71页）

【解析】自信，这是对公共关系人员职业心理的最基本的要求。

6. 【答案】C（第72页）

【解析】古人云："人可以谋人，可以谋事，亦可以谋天，亦可以谋地，谋则变，不谋则不得变，谋则成，不谋则不得成。"可见，事成于谋。公共关系人员必须具备健全的思维和谋划能力。

7. 【答案】D（第72页）

【解析】能写会说是公共关系对公共关系人员的最基本要求。

8. 【答案】B（第73页）

【解析】通才式的公共关系人才，可视为领导型人才。

9. 【答案】D（第78页）

【解析】我国于1989年9月27日，在全国省市公共关系组织第二次联席会议上提出了《〈中国公共关系职业道德准则〉草拟及实施方案》。

10. 【答案】A（第79页）

【解析】现在国家职业资格工作委员会公共关系专业委员会已经成立，这说明在我国公共关系已得到国家有关部门的认可。

二、多项选择题

1. 【答案】ABCDE（第63页）

【解析】我国政府中的"新闻办""信访局（处）""交际处""联络处""对外宣传处"等，也是公共关系性质的职能部门。

2. 【答案】ACDE（第64页）

【解析】部门隶属型公关部门即公共关系部门附属于组织的某个职能部门。一般包括：归属于销售部门、归属于广告或宣传部门、归属于联络接待部门、归属于办公室。

3. 【答案】AB（第67页）

【解析】按经营方式划分公共关系公司有合作型公司和独立型公司两种。

4. 【答案】ABCD（第68页）

【解析】公共关系公司服务的特点包括：(1)较为客观公正。(2)技术全面，专业性强。(3)较灵活，适应性强。(4)关系较疏远。(5)运作成本较高。

5. 【答案】ABCDE（第68～69页）

【解析】公共关系协会的主要活动内容有：（1）联络会员。（2）规范本行业的职业道德和行为准则。（3）专业培训。（4）普及知识。（5）编辑出版刊物。

6.【答案】ABCDE（第72页）

【解析】公共关系的一大特点是实务性强。公共关系基本实务知识包括：（1）公共关系调研。（2）公共关系活动策划。（3）公共关系活动实施和评估。（4）公众分析。（5）与各类公众打交道。（6）社交礼仪的知识等。

三、简答题

1.【答案】组织内部设置公共关系部门有四种基本模式可以选择：（1）部门隶属型。（2）部门并列型。（3）高层领导直属型。（4）公共关系委员会。（第64～65页）

2.【答案】公共关系一般人员是指在组织内部公共关系机构中工作的各类人员。其分类有：（1）调查分析人员。（2）计划人员。（3）传播人员。（4）文秘人员。（5）专门技术人员。（第70页）

3.【答案】公共关系意识是对公共关系的本质属性、特征、作用及活动规律、方法等，经过思维得到理论认识，并形成概括性的见解。（1）形象意识。（2）服务意识。（3）互惠意识。（4）沟通意识。（5）长远意识。（6）创新意识。（第70～71页）

四、论述题

【答案】公共关系人员的基本能力有以下几个方面。

（1）较强的文字和口头表达能力。能写会说是公共关系对公共关系人员的最基本要求。

（2）良好的组织能力。公共关系人员搞任何一个公共关系活动，要有章法、有条理。

（3）健全的思维和谋划能力。古人云："人可以谋人，可以谋事，亦可以谋天，亦可以谋地。谋则变，不谋则不得变，谋则成，不谋则不得成。"可见，事成于谋。

（4）敏锐的观察能力。具备这种能力的人，往往善于从普通的资料、数据或新闻报道中看出问题，从平静的表象中发现潜在的变化。

（5）好的自制自控和灵活应变的能力。公共关系人员在与他人打交道时，要有一种忍让的精神，但这绝不意味着可以放弃原则。要想做到既忍让又不失原则，就必须要有一种很好的灵活应变能力。

（6）善于与他人交往的能力。从某种意义上说，公共关系人员是社会活动家，他们无疑应具备与各种各样的人交往的能力。

（7）掌握政策、理论的能力。公共关系人员做公共关系工作不是凭借感情、直觉行事，

而是需要在掌握政策和理论的前提下，从事自己的一切业务活动。（第 72～73 页）

五、案例分析题

【答案】（1）案例反映出英航公司公关人员具备基本素质中的过硬的公共关系意识，具体表现为以下几点。

① 形象意识。作为知名航空公司的英国航空公司，在本次事件处理过程中，公关人员有效地在顾客心中树立了用金钱也买不到的良好形象。这对企业来说，是非常珍贵的。

② 服务意识。作为一家航空公司，提供的是乘客运输的服务，因为飞机故障导致乘客耽误了行程，基于服务意识，毅然让乘客换乘其他班机，把对乘客的影响减到最低。如果没有这种一心为群众服务的意识，企业的形象也就荡然无存；忽视了公众，企业的生存就会受到威胁。

③ 沟通意识。在飞机故障事件出现后，公共人员有效地与乘客取得了沟通，仅有一位不愿换乘其他班机。这种信息交流能够让企业更好地塑造良好形象，促进了组织的发展。

④ 长远意识。为一名乘客，008 号班机从东京飞到伦敦，航程达 13 000 千米，英国航空公司至少损失 10 万美元。一件看似企业亏损的事件，实质是企业立足长远，追求长期效益。毕竟企业形象的塑造并不是一两天的事件，它需要通过长期努力，不断积累，才能取得成功。急功近利，是行不通的。

（2）除此之外，公关人员还应具备的基本素质包括：公共关系人员的公共关系意识中的互惠意识和创新意识、公共关系人员的心理素质、公共关系人员的知识结构和能力结构。（第 70～73 页）

第三章　公共关系对象

知识框架

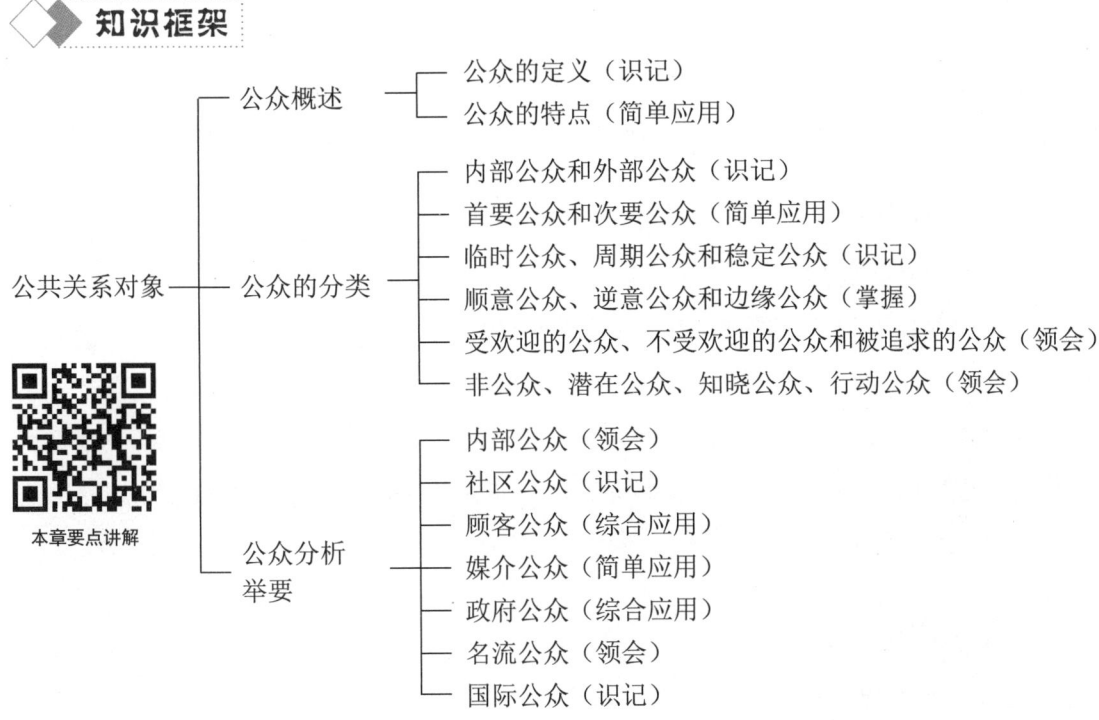

本章要点讲解

【单选】公共关系工作的对象统称为"公众"，因此，公共关系也称作公众关系。（第81页）

第一节　公众概述

考点一　公众的定义（第81页）

【单选】所谓公众，是指与公共关系主体利益相关并相互影响和作用的个人、群体或组织的总和，即公共关系传播沟通活动的目标对象。

同步练习

【2014年10月·单选】公共关系传播沟通活动的目标对象是（　　）。

A. 个人　　　　　　　　　　B. 群体

C. 公众　　　　　　　　　　D. 组织

【答案】C（第81页）

考点二　公众的特点（第 81～83 页）

【多选／简答】简述公众的特点。

具体来说，公众这一概念具有五个基本含义：（1）<u>群体性</u>。（2）<u>共同性</u>。（3）<u>多样性</u>。（4）<u>变化性</u>。（5）<u>相关性</u>。

【多选】公众的共同性，就是指相互之间的某种共同点，比如<u>共同的利益</u>、<u>共同的需求</u>、<u>共同的目的</u>、<u>共同的问题</u>、<u>共同的意向</u>、<u>共同的兴趣</u>、<u>共同的背景</u>等。

> **记忆技巧**
>
> 关键词串联记忆法：
> "公众具备共同的<u>兴趣需求背景</u>，<u>目的意向</u>明确，能解决<u>利益问题</u>的特点"。

【单选】公众总是和某一特定的共同点联系在一起的，<u>共同点的性质</u>决定着公众的性质。

【单选】公众不是抽象的，而是具体的、与特定的组织相关的。公众的<u>相关性</u>便是组织与公众形成关系的关键。

> **同步练习**
>
> 【2018 年 10 月・多选】公众的特点有（　　　）。
> A. 群体性　　　　　　　　B. 共同性
> C. 多样性　　　　　　　　D. 变化性
> E. 相关性
> 【答案】ABCDE（第 81～83 页）

第二节　公众的分类

考点一　内部公众和外部公众（第 83 页）

【单选／多选】根据组织的<u>内外对象</u>分类，可划分为<u>内部公众</u>和<u>外部公众</u>两类。

【多选】<u>内部公众</u>即组织内部的成员群体，如<u>管理人员</u>、<u>技术人员</u>、<u>生产人员</u>、<u>销售人员</u>、<u>辅助人员</u>以及<u>股东公众</u>等。

【多选】外部公众即组织的外部沟通对象群体，如<u>消费者</u>、<u>协作者</u>、<u>竞争者</u>、<u>记者</u>、<u>名流</u>、<u>政府官员</u>、<u>社区居民</u>等。

记忆技巧

首字串联记忆法：

内部公众："管技生销辅股"。外部公众："消协竞记名政社"。

考点二　首要公众和次要公众（第83～84页）

【单选/多选】根据关系的<u>重要程度</u>分类，可划分为<u>首要公众</u>和<u>次要公众</u>两类。

【简答】首要公众和次要公众的相关性。

首要公众即关系到组织生死存亡、决定组织成败的那部分公众对象。比如酒店宾客关系中的VIP。次要公众指那些对组织的生存和发展有一定影响、但没有决定性意义的公众对象。在保证首要公众的前提下也要兼顾次要公众，因其也有可能转化为首要公众。

考点三　临时公众、周期公众和稳定公众（第84页）

【多选】根据关系的稳定程度分类，可划分为临时公众、周期公众和稳定公众三类。

【多选】临时公众是因某一临时因素、偶发事件或特别活动而形成的公众对象。比如<u>因为飞机航班误点而滞留机场的旅客、足球场闹事的球迷</u>等。

【单选/多选】周期公众是指按一定规律和周期出现的公众对象。比如<u>逢节假日出现的游客高峰，招生时节的考生及家长，"广交会"的来宾</u>等。

【单选/多选】稳定公众即具有稳定结构和稳定关系的公众对象。比如<u>老主顾、常客、社区居民，对某部电视连续剧一集不落地追着看的观众</u>等。

同步练习

1.【2018年10月·多选/2016年4月·多选】根据关系的稳定程度，可将公众划分为（　　　）。

　　A. 首要公众　　　　　　　　B. 次要公众

　　C. 临时公众　　　　　　　　D. 周期公众

　　E. 稳定公众

　　【答案】CDE（第84页）

2.【2018年4月·多选】下列公众属于周期公众的有（　　　）。

　　A. 节假日期间出现的旅客高峰　　B. 招生时节的考生及家长

　　C. "广交会"的来宾　　　　　　D. 社区居民

　　E. 老主顾

　　【答案】ABC（第84页）

考点四　顺意公众、逆意公众和边缘公众（第84页）

【单选/多选】根据公众对组织的态度分类，可以划分为顺意公众、逆意公众和边缘公众三类。

【单选】顺意公众：指那些对组织的政策、行为和产品持赞成意向和支持态度的公众对象。

逆意公众：指对组织的政策、行为或产品持否定意向和反对态度的公众对象。

边缘公众：指对组织持中间态度、观点和意向不明朗的公众对象。

【单选】公共关系的一项基本政策是："多交友；少树敌"。

【简答】公众的态度是制定传播政策的又一依据，如何对待公众的不同态度？

（1）应该将顺意公众当作组织的财富，悉心维护和"保养"这种关系。

（2）要注意做好逆意公众的转化工作，改变其敌对的态度，即使不能将其转化为顺意公众，也应促其成为边缘公众。

（3）耐心细致做好争取边缘公众这个"大多数"工作，引导他们成为顺意公众，防止他们成为逆意公众。

【单选】边缘公众的态度倾向往往成为公共关系竞争中的决定因素，因此常常是公共关系工作的"必争之地"。

考点五　受欢迎的公众、不受欢迎的公众和被追求的公众（第85页）

【多选】根据组织的价值取向分类，可以划分为受欢迎的公众、不受欢迎的公众和被追求的公众三类。

【单选/多选】受欢迎的公众：即完全迎合组织的需要并主动对组织表示兴趣和沟通意向的公众。比如自愿的投资者，慕名前来的顾客，为组织采写正面宣传文章的记者等。

【单选/多选】不受欢迎的公众：指违背组织的利益和意愿。对组织构成潜在和现实威胁的公众。比如各种对组织抱有敌意的人士，或对组织构成额外压力和负担的群体等。

【单选/多选】被追求的公众：指符合组织的利益和需要，但对组织却不感兴趣、缺乏交往意愿的公众。比如著名的记者、社会名流、明星等。

考点六　非公众、潜在公众、知晓公众、行动公众（第85～86页）

【单选/多选】根据公众发展过程的不同阶段分类，可以划分为非公众、潜在公众、知晓公众、行动公众四类。

【单选】非公众：指与组织无关，其观点、态度和行为不受组织的影响，也不对组织产生作用的公众群体。

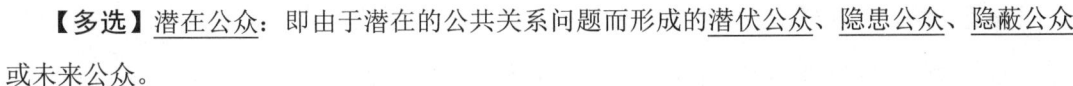

【多选】潜在公众：即由于潜在的公共关系问题而形成的潜伏公众、隐患公众、隐蔽公众或未来公众。

【单选】知晓公众：即已经知晓自己的处境，明确意识到自己所面临的问题与特定组织有关，迫切需要进一步了解与该问题有关的所有信息，并开始向组织提出有关的权益要求的公众群体。

【单选】对于知晓公众，则应该采取积极主动的公共关系姿态，及时沟通，主动传播，满足公众要求被告知的心情，使公众对组织产生信赖感，主动控制舆论局势。

【单选】行动公众：即已采取实际行动，对组织构成压力，并迫使组织采取相应行动的公众群体。

同步练习

【2018年4月·多选】根据公众发展过程的不同阶段，可将公众划分为（　　　）。

A. 非公众　　　　　　　　B. 顺意公众

C. 知晓公众　　　　　　　D. 行动公众

E. 边缘公众

【答案】ACD（第85页）

第三节　公众分析举要

考点一　内部公众（第86～88页）

【单选】内部公众是组织内部的所有成员。它是组织最重要的基本目标公众。做好内部公众的工作是公共关系工作的起点。

【简答】简述内部公众的重要性。

（1）内部公众是形成组织力量的主体。

（2）内部公众是组织创一流产品的主力军。

（3）内部公众是塑造和推销组织形象的积极因素。

【多选】组织政策的实施、任务的落实、目标的实现、组织凝聚力的形成、组织文化的创造等均有赖于内部公众的配合与努力。

【单选】内部公众是组织中最主要、最活跃的生产力要素。

【单选】内部公众处在对外公共关系的第一线，他们与社会的各个层面有广泛的接触，他们的言行、仪表随时随地都在传播组织的有关信息。

【论述】试述组织处理与内部公众关系的艺术。

内部公众关系的主要目标是培养内部公众的主人翁意识，形成对组织的认同感、归属感，创造和睦、向上、勤奋的组织人际关系环境和工作风气。

(1) 树立"内部公众第一"的思想，正确认识内部公众在组织中的主人翁地位。

(2) 传播沟通，增强内部公众的民主与参与意识。

(3) 开展丰富多彩的活动，进行感情投资。

(4) 善于做思想工作，培养内部公众的忠诚心。

【单选】非正式团体的含义：组织中存在的未经官方正式规定而自然形成的以满足个人需求和欲望的团体。非正式团体也称无形组织、非正式群体等，是正式组织的副产品。

【多选】非正式团体具有友谊型、同好型、工作型、自卫型、互利型等类型。

【单选／简答】与非正式团体相处时应注意的问题：

(1) 对于积极型或正面型的非正式团体，应采取支持和保护的原则。

(2) 对中间型非正式团体则应持慎重的态度，注意引导和争取。

(3) 对消极型非正式团体则应采取必要措施以防其进一步质变和恶化，总的原则是教育、改造。

同步练习

【2015年4月·单选】组织最重要的基本目标公众是（　　　）。

A. 内部公众　　　　　　　　B. 社区公众

C. 顾客公众　　　　　　　　D. 媒介公众

【答案】A（第86页）

考点二　社区公众（第88～89页）

【单选／多选】社区公众是指组织所在社区的公众，它包括当地的权力管理部门、地方团体、居民百姓和其他社会组织。

【简答／案例分析】社区公众的重要性。

(1) 社区可以为组织的发展提供充足的劳动力资源，是组织内部员工关系的延伸。

(2) 社区能够为组织提供电力、水力能源和土地、原材料资源。

(3) 社区可以为组织提供如交通、治安、环境保护以及商店、浴池、学校、市场等方面的社会服务。

（4）作为组织生存与发展的直接环境，社区还具有充足的购买力，是一个相对稳定的市场。

【简答/案例分析】处理与社区公众关系的艺术。

建立和谐的社区关系，需做好以下几方面工作。

（1）加强传播，沟通信息，增进了解。

（2）关心并支持社区建设。

（3）参加并资助各项社会公益活动。

【多选】参加并资助各项社会公益活动中，例如重庆南方大酒店非常热心参加所在社区组织的植树、"五讲四美"、群众体育活动，同时对中国残疾人基金会、重庆市残疾儿童健康中心、残疾儿童福利院、老人院、儿童康乐中心等社区公众，做了不同程度赞助，强化了社区"好公民"形象。

考点三　顾客公众　（第89～91页）

【单选】顾客公众是指组织所提供的产品或服务的购买者、消费者。

【多选】顾客公众包括物质消费者和精神文化消费者。物质商品的消费者包括生产资料和消费资料的消费者，其中有物质商品的销售商、代理商和批发商等。精神文化产品的消费者包括广播、电视、影剧院的听众、观众，报刊、书籍的读者等。

【简答/案例分析】顾客公众的重要性。

（1）顾客是企业组织的衣食父母。

（2）良好的顾客公众关系能够给组织带来效益。

（3）顾客公众能够帮助组织确立正确经营宗旨，不断完善服务。

【论述/案例分析】处理与顾客公众关系的艺术。

（1）树立为公众服务的思想，确立"顾客就是上帝"的观念。

（2）适应顾客公众的需要，不断创新，提供优质产品。

（3）想顾客公众所想，急顾客公众所急，为顾客公众提供一流的服务。

（4）妥善处理与顾客间的纠纷。

【单选】顾客公众是营利性组织市场经营的生命线。

【多选】公共关系工作的开展将在组织与顾客公众之间协调关系、沟通信息、消除误解、联络感情、争取人心，从而赢得良好的顾客公众关系。

【单选】新型的顾客公众有一个突出特点——功利性。

【单选】"顾客永远是正确的"，这是妥善处理与顾客间纠纷的一把金钥匙。

【简答】组织与顾客之间的冲突或纠纷的导火线的种类。

（1）顾客的物质利益受到损害。

（2）顾客的精神利益受到损害。

（3）顾客自身情绪不佳。

（4）极少数顾客故意寻衅。

【简答】处理与顾客纠纷的技巧。

（1）掌握第一手资料，查明纠纷产生的真实原因。

（2）拟订处理方案。

（3）若时间允许，尽可能采取"冷处理"战术。

（4）尽快实施。

【单选／多选】处理与顾客纠纷的总的原则：诚恳、积极、迅速，只要有一线希望，就不要放弃对顾客的争取。

考点四 媒介公众（第91～92页）

【单选】媒介公众：是指新闻传播机构及其工作人员。媒介公众是公共关系工作对象中最敏感但又是最重要的一部分。

【单选】与新闻媒介建立良好关系的目的：争取新闻传播界对本组织的了解、理解和支持，以便造成对本组织有利的舆论氛围。

【多选／简答】搞好与媒介公众关系的意义：（1）良好的媒介公众关系有利于形成良好的公众舆论。（2）良好的媒介公众关系有利于组织实现大范围、远距离的沟通。

【多选／简答】正确处理媒介公众关系的原则："四要""四不要"的原则。

"四要"原则：（1）要以礼相待。（2）要以诚相待，实事求是。（3）要平等相待。（4）要迫不及待。

"四不要"原则：（1）不要一厢情愿。（2）不要以利相交。（3）不要变相交换。（4）不要临渴掘井。

考点五 政府公众（第92～93页）

【单选】政府公众：是指政府机关及其内部的工作人员。

【单选】政府公众是所有社会组织的目标公众中最具有权威性的对象，也是组织生存和发展的重要保障条件。

【简答】政府公众关系的重要性。

（1）良好的政府公众关系能够为组织形成有利的政策、法律和社会管理环境。

（2）良好的政府公众关系能够使组织获得良好的关系环境，得到人、财、物以及信息资源方面的支持。

（3）良好的政府公众关系能使组织获得良好的舆论环境。

【论述】处理与政府公众关系的艺术。

（1）组织应该主动建立和加强与政府有关部门之间的双向沟通。

（2）自觉接受政府的控制和指导，自觉承担对国家和社会应尽的责任和义务。

（3）熟悉政府机构的具体设置、职责分工、负责人员，以保证有效地开展工作。

（4）以国家利益为重，兼顾组织利益。

> **同步练习**
>
> 【2017年4月·单选】目标公众中最具有权威性的是（　　）。
>
> A. 社区公众　　　　　　　　B. 顾客公众
>
> C. 媒介公众　　　　　　　　D. 政府公众
>
> 【答案】D（第93页）

考点六　名流公众（第93～94页）

【单选】名流公众：指那些对社会舆论和社会生活具有较大的影响力和号召力的有名望的人士。

【多选】名流公众包括：政界、工商界、金融界的首脑人物；科学界、教育界、学术界的权威人士；文化、艺术、影视、体育等方面的明星；新闻出版界的舆论领袖等。

【多选／简答】建立良好名流关系的意义和作用。

建立良好的名流关系的目的，是借助名流的知名度扩大组织的公共关系网络和对公众影响力，丰满组织的社会形象。

建立良好名流关系的意义和作用包括以下几点。

（1）借助于社会名流的见识和专长。

（2）借助于社会名流的关系网络。

（3）借助于社会名流的社会声望。

【多选／简答】搞好与名流公众的关系需要注意的问题。

搞好与名流公众关系的目标在于促进组织与社会名流之间的信息沟通，听取他们对组织的意见，积极支持和帮助社会各界名流，和他们联络感情，通过他们扩大组织在公众中的影响，提高组织的知名度和美誉度。

搞好名流关系必须注意以下几点。

（1）坚持互利互惠原则。

（2）注意把握交往时机。

（3）加强公共关系人员的文化修养。

考点七　国际公众（第95～96页）

【单选】**国际公众**：指一个组织的产品、人员及其活动进入国际范围，对别国的公众产生影响，并需要了解和适应对象国的公众环境的时候，该组织所面对的不同国家、地区的公众对象。

【简答】搞好与国际公众关系的意义。

搞好与国际公众关系的目的是争取国际公众和舆论的了解、理解与支持，为本组织及其政策、活动、产品和人员塑造良好的国际形象，创造良好的国际声誉。

（1）发展国际公共关系，为对外开放服务。

（2）运用跨文化传播手段，促进组织形象的国际化。

【多选】国际公共关系中，在信息的传播和对外交往方面，不仅要懂得运用外国的语言文字，还要了解对象国的历史文化、风俗习惯、公众心理，以及了解国际商法和对外交往的国际惯例，使传播的信息尽量符合对象国公众的习惯。

【多选】要使国际公共关系取得成功，还必须善于运用国际新闻传播和广告传播手段。

【简答】处理与国际公众关系应注意的问题。

国际公众关系是指社会组织与其他国家相关公众的关系。

开展国际公共关系活动应注意以下两点：

（1）认真研究并尊重经营活动对象国的政治、经济、法律、制度、历史文化、道德规范、风土人情、语言表达习惯、生活方式和价值观念等，根据这些情况设计传播方案及实施公共关系计划。

（2）了解对象国公众对本组织产品与服务的态度、意见，妥善处理好他们的投诉，企业产品和公司名称的设计要能为对象国公众所接受，不可触犯他们的利益和他们在文化、风俗、政治、宗教等方面的禁忌。了解并善于运用对象国的新闻传播媒介，使自己的信息符合对象国公众的语言、文化、风俗习惯，从而为他们所接受。

章节训练

一、单项选择题

1. 决定公众性质的是公众的（   ）。

   A. 群体性   B. 共同点的性质

   C. 多样性   D. 变化性

2. 组织与公众形成关系的关键是公众的（   ）。

   A. 相关性   B. 变化性

   C. 群体性   D. 共同性

3. 广交会的来宾属于（   ）。

   A. 临时公众   B. 周期公众

   C. 内部公众   D. 首要公众

二、多项选择题

1. 下列各项属于公众共同性的有（   ）。

   A. 共同的利益   B. 共同的需求

   C. 共同的目的   D. 共同的意向

   E. 共同的兴趣

2. 下列公众属于组织内部公众的有（   ）。

   A. 管理人员   B. 技术人员

   C. 生产人员   D. 销售人员

   E. 社区居民

3. 下列公众属于临时公众的有（   ）。

   A. 飞机误点滞留机场的旅客   B. 足球场闹事的球迷

   C. 社区居民   D. "广交会"的来宾

   E. 老主顾

4. 下列公众属于稳定公众的有（   ）。

   A. 老主顾   B. 酒店常客

   C. 社区居民   D. 足球场闹事的球迷

   E. 飞机误点滞留机场的旅客

5. 根据公众对组织的态度，可以将公众划分为（　　）。

　　A. 首要公众　　　　　　　　　B. 次要公众

　　C. 顺意公众　　　　　　　　　D. 逆意公众

　　E. 边缘公众

6. 根据组织的价值取向，可将公众划分为（　　）。

　　A. 受欢迎的公众　　　　　　　B. 不受欢迎的公众

　　C. 被追求的公众　　　　　　　D. 顺意公众

　　E. 逆意公众

7. 非正式团体的类型包括（　　）。

　　A. 友谊型　　　　　　　　　　B. 同好型

　　C. 工作型　　　　　　　　　　D. 自卫型

　　E. 互利型

三、简答题

简述内部公众的重要性。

四、论述题

试述组织处理与内部公众关系的艺术。

五、案例分析题

某时装店专营各类高档时装。小王打算在女友过生日的时候买一套时装送给她。一天，小王参加社区劳动后从该店门前经过，看见两位女同事在店里买时装，顿时大喜，想请同事帮助自己选择女朋友的生日礼物。但门口保安不让小王入内，原因是他"衣冠不整"，双方争执不下，店中顾客议论纷纷，很多顾客指责门卫歧视顾客，下次不准备再来这家店了。

（1）请用顾客公众的相关理论分析门卫给时装店带来损失的原因。

（2）组织应如何处理好与顾客之间的关系？

参考答案及解析

一、单项选择题

1. 【答案】B（第82页）

【解析】公众总是和某一特定的共同点联系在一起的，共同点的性质决定着公众的性质。

2. 【答案】A（第83页）

【解析】相关性是组织与公众形成关系的关键。

3. 【答案】B（第84页）

【解析】周期公众是指按一定规律和周期出现的公众对象。比如逢节假日出现的游客高峰，招生时节的考生及家长，"广交会"的来宾等。

二、多项选择题

1. 【答案】ABCDE（第82页）

【解析】这种共同性，就是指相互之间的某种共同点，比如共同的利益、共同的需求、共同的目的、共同的问题、共同的意向、共同的兴趣、共同的背景等。

2. 【答案】ABCD（第83页）

【解析】根据组织的内外对象分类，可划分为内部公众和外部公众两类。内部公众即组织内部的成员群体，如管理人员、技术人员、生产人员、销售人员、辅助人员以及股东公众等。

3. 【答案】AB（第84页）

【解析】临时公众是因某一临时因素、偶发事件或特别活动而形成的公众对象。比如因为飞机航班误点而滞留机场的旅客、足球场闹事的球迷等。

4. 【答案】ABC（第84页）

【解析】稳定公众即具有稳定结构和稳定关系的公众对象。比如老主顾、常客、社区居民，对某部电视连续剧一集不落地追着看的观众等。

5. 【答案】CDE（第84页）

【解析】根据公众对组织的态度分类，可以划分为顺意公众、逆意公众和边缘公众。

6. 【答案】ABC（第85页）

【解析】根据组织的价值取向分类，可以划分为受欢迎的公众、不受欢迎的公众和被追求的公众三类。

7.【答案】ABCDE（第 87 页）

【解析】非正式团体具有友谊型、同好型、工作型、自卫型、互利型等类型。

三、简答题

【答案】（1）内部公众是形成组织力量的主体。（2）内部公众是组织创一流产品的主力军。（3）内部公众是塑造和推销组织形象的积极因素。（第 86 页）

四、论述题

【答案】内部公众关系的主要目标是培养内部公众的主人翁意识，形成对组织的认同感、归属感，创造和睦、向上、勤奋的组织人际关系环境和工作风气。

(1) 树立"内部公众第一"的思想，正确认识内部公众在组织中的主人翁地位。

(2) 传播沟通，增强内部公众的民主与参与意识。

(3) 开展丰富多彩的活动，进行感情投资。

(4) 善于做思想工作，培养内部公众的忠诚心。（第 86～87 页）

五、案例分析题

【答案】（1）该门卫的行为是错误的，不应以貌取人，对顾客实行差别化的待遇，其原因是该店员没有认识到顾客公众的重要性。

① 顾客是企业组织的衣食父母；② 良好的顾客公众关系能够给组织带来效益；③ 顾客公众能够帮助组织确立正确经营宗旨，不断完善服务。

(2) 组织要处理好与顾客的关系必须做到以下几点：

① 树立为公众服务的思想，确立"顾客就是上帝"的观念；② 适应顾客公众的需要，不断创新，提供优质产品；③ 想顾客公众所想，急顾客公众所急，为顾客公众提供一流的服务；④ 妥善处理与顾客间的纠纷。（第 89～91 页）

第四章　公众心理与行为

 知识框架

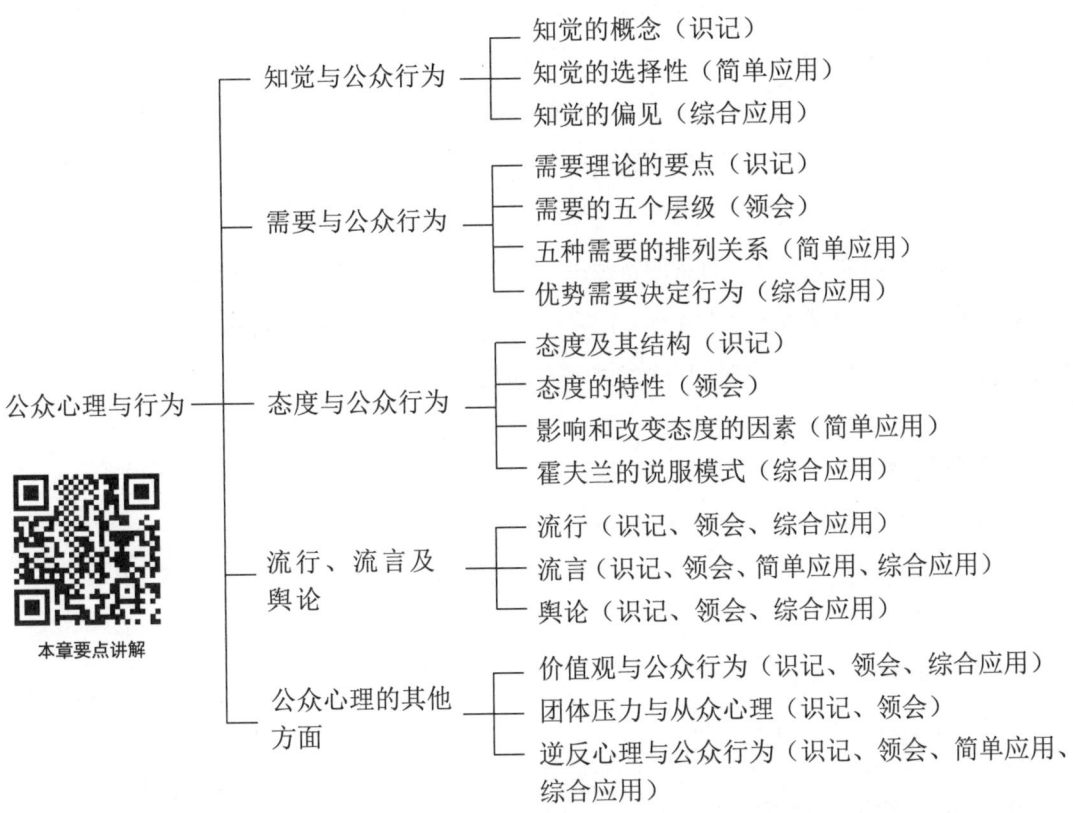

本章要点讲解

第一节　知觉与公众行为

考点一　知觉的概念（第 97 页）

【单选】<u>知觉是大脑对当前直接作用于感觉器官的客观事物的整体反映</u>。

【单选】知觉是在<u>感觉的基础上产生的</u>。如果以前没有对某事物形成了包含<u>视、听、触、摸、嗅觉等的感觉基础</u>，当前就不可能对该事物产生知觉。事实上，知觉就是各种感觉的复合。<u>知觉是思维的"窗口"</u>，为思维提供感觉信息。

考点二　知觉的选择性（第 97～99 页）

考点讲解

【多选/简答】影响知觉选择性的因素：

（1）客观因素（即影响知觉被动选择性的知觉对象特点）：①<u>知觉对象本身的特征</u>；②<u>对象和背景的差别</u>；③<u>对象的组合</u>。

（2）主观因素：①<u>需要和动机</u>；②<u>兴趣</u>；③<u>性格</u>；④<u>气质</u>；⑤<u>经验知识</u>。

【单选】需要是人对客观现实的需求（包括自然需求和社会需求）的<u>主观反映</u>，而动机则是人们为了满足需要而激励着主体采取行动的<u>内隐性意向</u>。

【单选】<u>兴趣</u>是动机的进一步发展，一般指热切地追求知识或从事某种活动的<u>外现性意向</u>。兴趣在更大程度上制约着知觉的<u>主动选择性</u>。

【单选】性格是对现实的稳定态度和习惯化的行为方式。

【单选】气质主要是受神经过程的特性决定的行为特征，往往与性格交织在一起。

【多选】气质行为典型类型（4种）：<u>多血质、胆汁质、黏液质和抑郁质</u>。它们对知觉选择性的影响，主要体现在一定时间内知觉的<u>速度和数量</u>上。

同步练习

【2017年4月·多选】影响知觉选择性的主观因素包括（　　　）。

A. 动机　　　　　　　　　　B. 兴趣

C. 性格　　　　　　　　　　D. 气质

E. 经验知识

【答案】ABCDE（第 98～99 页）

考点三　知觉的偏见（第 99～100 页）

【单选】知觉的偏见是人们在感知事物的时候，由于特殊的主观动机或外界刺激，对事物产生一种<u>片面的或歪曲</u>印象的心理过程。

【单选/多选/简答】知觉的偏见常见的原因有以下几个方面：

（1）首因效应。即第一印象的强烈影响。

（2）近因效应。即最近或最后印象的强烈影响。

（3）<u>晕轮效应</u>。即一种以偏概全、以点概面的片面知觉。

（4）<u>定型作用</u>。即固定的僵化印象对人的知觉的影响，也称"刻板印象"。

【单选/多选】心理定势是人的认知和思维的惯性、倾向性，即按照一种固定的倾向去认识事物、判断事物、思考问题，表现出心理活动的趋向性和专注性。

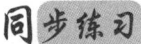

【2017年10月·单选】以偏概全、以点概面的片面知觉是（　　）。

A. 首因效应　　　　　　　　B. 近因效应

C. 晕轮效应　　　　　　　　D. 刻板效应

【答案】C（第100页）

第二节　需要与公众行为

考点一　需要理论的要点（第100～101页）

【单选】需要是人对特定目标的渴求与欲望，是推动行为的直接动力。

【单选】1943年，美国心理学家马斯洛在《人类动机理论》一文中首次提出了需要层次论，并于1954年在其名著《动机与人格》中做了进一步阐述。

【单选/多选】马斯洛的需要层次理论主要有3个方面的内容：(1) 人类有五种基本需要。(2) 需要是有层次的。(3) 行为是由优势需要所决定的。

考点二　需要的五个层级（第101页）

【多选/简答】需要层次论：(1) 生理的需要。(2) 安全的需要。(3) 社交的需要。(4) 尊重的需要。(5) 自我实现的需要。

【单选】生理的需要是人类为了维持其生命最基本的需要，也是需要层次的基础。马斯洛认为，当这些需要还未达到足以维持人们生命之时，其他需要将不能激励他们。他说："一个人如果同时缺少食物、安全、爱情及价值等，则其最强烈渴求当推对食物的需要。"

【单选】社交的需要：人们希望归属于一个团体以得到关心、爱护、支持、友谊和忠诚，这种需要是社交的需要。

【单选/多选】马斯洛认为自我实现的需要是最高层次的需要。这种需要往往是通过胜任感和成就感来获得满足的。

【单选】胜任感：是指希望自己担当的工作与自己的知识能力相适应，工作带有挑战性，负有更多的责任，工作能取得好的结果，自己的知识与能力在工作中也能得到成长。

【单选】成就感：表现为进行创造性的活动并取得成功。

同步练习

【2018年10月·单选/2016年10月·单选】人们希望归属于一个团体以得到关心、爱护、支持、友谊和忠诚,这种需要属于(   )。

A. 生理需要　　　　　　　　　　B. 安全需要

C. 社交需要　　　　　　　　　　D. 尊重需要

【答案】C(第101页)

考点三　五种需要的排列关系 (第102页)

【简答】马斯洛需要层次论中五种需要的排列关系。

(1) 对一般人来说,这五种需要由低到高依次排成一个阶梯,当低层次的需要获得相对的满足后,下一个需要就占据了主导地位,成了驱动行为的主要动力。

(2) 必须先满足低级的需要这是基础,然后才能逐级上升。我国古代思想家管仲说:"仓廪实则知礼节,衣食足则知荣辱。"讲得就是这个道理。

(3) 这个层次顺序并非很刻板,而是有许多例外的,例如涉及理想、崇高的社会价值等,具有这样价值观的人会成为殉难者,他们为了某种理想或价值,将牺牲一切。

(4) 当一个人同时面临多种需要时,应该根据优势需要进行选择。

【单选】生理的需要和安全的需要属低级需要,尊重的需要与自我实现的需要属高级需要,社交的需要为中间层次,基本上也属于高级需要。

记忆技巧

口诀记忆法:

"由低到高排阶梯,低满足后,高主导;然后逐级往上升;非刻板,有例外;优势需要排前面"。

考点四　优势需要决定行为 (第102～103页)

【单选】在一定条件下,多种需要中会有一种最为迫切的、起主要支配作用的"优势需要"。公共关系人员应该把这一点作为制定公共关系政策的依据,并作为评估公共关系效果的标准之一。

第三节　态度与公众行为

考点一　态度及其结构（第 103～104 页）

【单选/多选】态度的定义：态度是人们在认识和行为上相对固定的倾向，包括人对事物和社会认知的倾向、情感的倾向和意图的倾向，比如赞成或反对、喜欢或厌恶、肯定或否定等。

【单选】态度反映的是个人对某一对象所持有的评价与行为倾向。

【单选/多选】态度的 3 个构成因素。

（1）认知。是指主体对态度对象的认知。包括感知、思维、理解、看法等，如好或坏，有用或没有用等，是态度形成的基础。

（2）情感。指主体对态度对象的情感体验。如喜好—厌恶，尊敬—轻视，热爱—仇恨，同情—冷漠等。

（3）意图。指主体作用于态度对象的行为准备状态。如"做还是不做""要做，该怎样做"，这是态度的外显因素。

考点二　态度的特性（第 104～105 页）

【多选/简答】态度的 6 个特性：（1）态度的社会性。（2）态度的针对性。（3）态度的协调性。（4）态度的稳定性。（5）态度的两极性。（6）态度的间接性。

记忆技巧

关键字串联谐音记忆法："社针协稳两间（射针斜稳两肩）"。

【单选】态度的针对性是指任何一种态度都有其相应的特定对象即"态度对象"。

【单选】态度的稳定性是指态度一旦形成，将持续一段时间而不轻易改变。

【单选/多选】态度的两极性的表现形式：肯定与否定态度、赞成与反对态度、亲近与疏远态度等。

同步练习

【2017 年 4 月·多选】态度的特性包括（　　）。

A. 社会性　　　　　　　　　　B. 针对性

C. 协调性　　　　　　　　　　D. 稳定性

E. 一元性

【答案】ABCD（第 104～105 页）

考点三 影响和改变态度的因素（第 105～106 页）

【多选/简答】影响和改变态度的 5 个因素：（1）社会因素。（2）团体因素。（3）宣传因素。（4）个性因素。（5）态度系统特性因素。

【单选/多选】社会因素是指社会上各种事物，包括社会制度、社会群体、社会交往、道德规范、国家法律、社会舆论、风俗习惯等。例如公众旧的消费观念与消费习惯的改变与新的消费观念与消费习惯的形成，这个态度的转变过程可能是在潜移默化的情况下进行的。

【多选】主观的个性因素含个性倾向性因素和个性心理特征两个因素。

【单选/多选】个性倾向性：是指个体心理活动中稳定的意识倾向性特征，主要有需要、动机、兴趣、理想、信念、世界观等因素。

【单选/多选】个性心理特征：是指个体心理活动中稳定的心理特征，包括能力、气质和性格三个因素。

【多选】气质主要以其灵活性和可塑性影响着态度的改变和形成。

> **易混淆点**
>
> 气质对态度的影响：**灵活性和可塑性**。
>
> 气质对知觉选择性的影响：**速度和数量**。

> **同步练习**
>
> 【2018 年 10 月·多选 /2015 年 10 月·多选】影响和改变态度的因素有（　　）。
>
> A. 社会因素　　　　　　B. 团体因素
> C. 宣传因素　　　　　　D. 个性因素
> E. 态度系统特性因素
>
> 【答案】ABCDE（第 105～106 页）
>
>
> 习题讲解

考点四 霍夫兰的说服模式（第 106～107 页）

【单选/多选/简答】霍夫兰认为人的态度的改变主要取决于说服者的条件、信息本身的说服力以及问题的排列技巧。

【单选】为了验证说服者的作用，霍夫兰做了一个实验，实验结果表明：一个对某问题享有盛誉的人总比无声誉的人更能引起更多人的态度改变。从而证明了人的态度改变取决于说服者的条件。

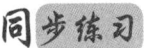

【2015年4月·多选】霍夫兰认为人的态度的改变主要取决于（　　）。

A. 情感的需要　　　　　　　　B. 交往的需要

C. 说服者的条件　　　　　　　D. 信息本身的说服力

E. 问题的排列技巧

【答案】CDE（第 106 页）

习题讲解

第四节　流行、流言及舆论

【多选】大众心理现象的 3 种表现形式：流行、流言、舆论。（第 107 页）

考点一　流行（第 107～110 页）

【单选】只要社会上某些有影响的特定的人物表现出某种新奇的行为，许多人就会竞相仿效，从而成为一种社会风尚——流行。

【单选】流行的概念：流行（或时尚）是一种群众性的社会心理现象，是指社会上许多人都去追求某种生活方式，使这种生活方式在较短的时期内到处可见，从而导致了彼此之间发生连锁性的感染，即所谓的"一窝蜂"现象。

【简答】流行的含义（3 个方面）：（1）流行是人们对某种生活方式的随从和追求，它涉及的范围十分广泛。（2）流行是有相当多的人去随从和追求某种生活方式。（3）流行是在一定时期内的社会现象，过了一定的时间便不再流行。若长时间持续，就会转化人们的习惯，成为社会传统。

【单选/多选】流行根据表现的热情程度和持续时间的长短，分为时髦与时狂。

【多选】流行的特点：（1）新奇性。（2）时效性。（3）周期性。（4）两极性。

【单选】新奇性是所有流行项目的最显著的特征。

【多选】人们追求某种生活方式呈正态曲线分布，有人以革新性为标准把人分为 5 种类型：先驱者；早期采用者；前期追随者；后期追随者；落伍者。

【多选/简答】追随流行的心理原因：（1）从众与模仿。（2）求新欲望。（3）自我防御与自我显示。（4）追随流行有个别差异。

> **同步练习**
>
> 【2018年10月·单选】许多人竞相效仿某些有影响的特定人物的某种新奇行为而形成的社会风尚被称为（　　）。
>
> A. 流行　　　　　　　　　　B. 流言
>
> C. 舆论　　　　　　　　　　D. 风俗
>
> 【答案】A（第107页）

考点二　流言（第110～112页）

【单选】流言的定义：流言是提不出任何信得过的确切根据，而在人们中相互传播的一种特定的虚假信息。

【多选】流言与政治、经济、文化以及社会生活和个人生活都密切相关。

【单选／多选】流言的类型（3类）：

序号	类型	含义
1	愿望流言	反映人们某种要求、期望、未实现的梦想以及未满足的需求
2	恐怖流言	反映出人们内心的恐怖情绪。常见于社会紧张时期（自然灾害、战争、政变等）以及人们对某些事物产生明显的恐怖和悲观绝望的时候
3	攻击流言	与恐怖流言相似，一般产生于社会紧张时期，通常起因于群体之间的矛盾，其作用在于制造分裂

【多选】流言内容变化的特点：流言内容变化经过一般化、强调和同化三个阶段。

【单选】流言内容发生变化的主要原因：人们在记忆上的偏差所致。

【单选】第二次世界大战期间，美国建立"流言诊所"。受"流言诊所"启发，美国又成立了"流言控制中心"。1967年芝加哥成立"流言论所"。

【简答／论述】如何及时制止流言的产生与传播？

（1）建立流言研究机构。

（2）及时制止各类流言的方法。

① 公关部门通过调查访问，向人们提供确切的消息，就可以彻底制止流言的流传。

② 在紧急情况下必须有针对性地及时制止流言。

③ 人们对情报来源的信任程度同样重要，问题的关键在于如何有效地传播有用的情报。公关部门利用广播、电视播出事实真相并做适当指导，恐慌往往就会避免。

④ 在紧急事态下还可使用其他宣传媒介，例如飞机撒宣传品、直升机装上喇叭、在地区内举行包括有影响力的人士参加的群众集会、与掌握情报的可靠机构进行接触等，使人们及时了解情报。

⑤ 在出现紧急危机的情况下，更重要的是进行适当的忠告。

总之，充分利用人们对公关部门已有信任感，问题会更容易解决。

考点三　舆论（第112～116页）

【单选】舆论的定义：舆论是公众的意见与看法，是社会全体成员或大多数人的共同信念，是人们彼此间信息沟通的一种共鸣。

【多选】英国《大不列颠百科全书》指出，舆论至少包括四个要素：(1) 必须有一个问题。(2) 必须有多数个人对这个问题发表意见。(3) 在这些意见中至少要有某种一致性。(4) 这种一致的意见会直接或间接地产生影响。

【多选／简答】舆论具有如下特征。

(1) 舆论作为一种公众的意见，为多数人赞成与支持。

(2) 舆论总是涉及社会的安宁与幸福的问题。

(3) 舆论本身含有合理性。

(4) 舆论是有效的。

(5) 舆论一般不是政府的意见，若是政府的意见，就会以政府的公告、宣言、政策等形式出现。舆论是广大民众的呼声。

【单选】能否使某种意见成为舆论，最主要的是在于它的有效性，即这种意见能否发生社会影响。

【多选／简答】舆论的结构（3个基本要素）：(1) 作为舆论对象的人或事件（舆论对象）。(2) 作为舆论主体的公众（舆论主体）。(3) 作为舆论现象本身的意见（意见）。

【单选】舆论对象定义：是指与人们的现实利益密切相关，能够引起大家共同兴趣，需要公众认真对待的社会事情。

【多选】舆论对象两个显著特点：(1) 功利性。(2) 新异性。

【多选】舆论的4种形态：(1) 社会事件。(2) 社会问题。(3) 社会冲突。(4) 社会运动。

【单选／多选】近几年来，人们创造了一个新的语汇，叫"社会热点"。例如，近几年出现的文凭热、经商热、出国热、气功热、股票热等，就属于这一类情况。

【多选/简答】作为舆论主体的公众与人群不同，它的内聚力来自思想的沟通和平等的交流。称之为舆论主体者的公众，具有以下一些特点：(1) 有共同话题。(2) 参与议论过程。(3) 自发性与松散性。(4) 有一定的层序性。

【多选】意见的 3 种成分：(1) 认识成分，如事实陈述、价值评价、思维观点、信仰和信念等，统称为见解。(2) 情感成分，如肯定或否定的价值取舍、喜怒哀乐的情绪选择等，称之为偏好。(3) 意志成分，如动机、意图、愿望、要求等，称之为意向。

【简答】舆论的作用：(1) 舆论的制约与监督作用。(2) 舆论的鼓动作用。(3) 舆论的指导作用。

正因为舆论有上述的作用，故任何一个国家和政府都十分重视对公众舆论的控制与引导，尽量利用广播、电视、报刊等宣传媒介作舆论宣传，使宣传内容反映群众的呼声，传达政府的希望和要求。

第五节　公众心理的其他方面

考点一　价值观与公众行为 （第 116～117 页）

【单选】价值观的定义：价值观是人们对于是非、善恶、好坏的评价标准，对自由、幸福、荣辱、平等这些观念的理解和轻重主次之分，是影响个体行为的重要因素。

【单选】价值观是人生观的核心。

【简答】影响人们价值观的 4 个因素：(1) 个人的成就感、事业心。(2) 过去的成功或失败的经历。(3) 周围环境、生活条件的影响。(4) 对目标的接近程度。

考点二　团体压力与从众心理 （第 117～118 页）

【单选】从众心理的定义：从众心理是指在社会团体的压力下，个人不愿意因为与众不同而感到孤立，从而放弃自己的意见，采取与团体中多数人相一致的行为，以获得安全感、认同感和归属感。这种现象称作社会从众行为，或叫团体压力下的顺从现象，俗称为"随大流"。

【多选】决定团体成员是否从众的 3 个方面的因素：(1) 团体方面。(2) 个人方面。(3) 问题本身。

同步练习

【2018年10月·单选】个人不愿意因为与众不同而感到孤立，从而放弃自己的意见的"随大流"行为是（   ）。

A. 自我评价行为　　　　　　　　B. 社会逆反行为

C. 自我认知行为　　　　　　　　D. 社会从众行为

【答案】D（第117页）

考点三　逆反心理与公众行为（第118～120页）

【单选】逆反心理的定义：逆反心理指作用于个体的同类事物，超过了个体感官所能接受的限度而产生的一种相反的体验，使个体有意识地脱离习惯的思维轨道，向相反的思维方向探索。

【单选】心理感应抗拒理论是美国心理学家布林在其专著《心理感应抗拒理论》中首次提出的。

【论述】试述影响心理抗拒的因素及心理抗拒阻止态度的转变。

（1）布林认为，心理抗拒的强弱是由以下因素所决定的：① 对自由的期望；② 对自由剥夺的威胁；③ 自由的重要性程度；④ 是否会影响到其他自由。

考点讲解

（2）心理抗拒阻止态度的转变如下：① 人们产生心理抗拒以后，将会影响其态度的转变，表现在认知、行为和情感意图方面，宣传说服不当；② 逆反心理的形成也可能是出于好奇心与好胜心（自我显示）；③ 无论如何，逆反心理的产生，会成为组织与其传播对象进行沟通的一种障碍；④ 因此，要防止公众出现逆反心理，公共关系工作人员就应当细心研究公众对"自由"的看法与认识，充分尊重和顺应他们的"自由"，不能让他们感觉到自己的自由被剥夺；⑤ 从信息传达的角度来看，还要注意传播的信息量和刺激量要适度，信息量过大，刺激过度就容易造成传播对象的厌烦情绪，同样也会产生逆反心理。

记忆技巧

关键字串联记忆法：

心理抗拒阻止态度转变："一不当；二好奇；三障碍；四自由；五适度"。

章节训练

一、单项选择题

1. 大脑对当前直接作用于感觉器官的客观事物的整体反映被称为（　　）。
   A. 知觉　　　　　　　　　　　B. 映射
   C. 思维　　　　　　　　　　　D. 反馈

2. 作为思维的"窗口"，并为思维提供感觉信息的心理因素是（　　）。
   A. 性格　　　　　　　　　　　B. 态度
   C. 需要　　　　　　　　　　　D. 知觉

3. 对现实的稳定态度和习惯化的行为方式称为（　　）。
   A. 兴趣　　　　　　　　　　　B. 需要
   C. 气质　　　　　　　　　　　D. 性格

4. 固定的僵化印象对人的知觉的影响称为（　　）。
   A. 首因效应　　　　　　　　　B. 近因效应
   C. 定型作用　　　　　　　　　D. 晕轮效应

5. 提出需要层次论的美国心理学家是（　　）。
   A. 泰罗　　　　　　　　　　　B. 弗鲁姆
   C. 赫兹伯格　　　　　　　　　D. 马斯洛

6. 马斯洛的需要层次论中最高层次需要是（　　）。
   A. 安全的需要　　　　　　　　B. 社交的需要
   C. 尊重的需要　　　　　　　　D. 自我实现的需要

7. 肯定与否定、亲近与疏远体现了态度的（　　）。
   A. 社会性　　　　　　　　　　B. 稳定性
   C. 两极性　　　　　　　　　　D. 协调性

8. "一个对某问题享有盛誉的人总比无声誉的人更能引起更多人态度的改变"，证明了人的态度改变取决于（　　）。
   A. 信息本身的作用　　　　　　B. 说服者的条件
   C. 问题排列技巧的作用　　　　D. 知识储备的作用

9. 所有流行项目的最显著特征是（　　）。

　　A. 两极性　　　　　　　　　　B. 周期性

　　C. 时效性　　　　　　　　　　D. 新奇性

10. 首次提出心理感应抗拒理论的美国心理学家是（　　）。

　　A. 布林　　　　　　　　　　　B. 阿基里斯

　　C. 法约尔　　　　　　　　　　D. 麦格雷戈

二、多项选择题

1. 影响知觉选择性的客观因素包括（　　）。

　　A. 知觉对象本身的特征　　　　B. 对象和背景的差别

　　C. 对象的组合　　　　　　　　D. 需要

　　E. 知识

2. 形成知觉偏见的原因主要有（　　）。

　　A. 首因效应　　　　　　　　　B. 近因效应

　　C. 晕轮效应　　　　　　　　　D. 刻板印象

　　E. 鲶鱼效应

3. 个性心理特征包括（　　）。

　　A. 兴趣　　　　　　　　　　　B. 气质

　　C. 能力　　　　　　　　　　　D. 动机

　　E. 性格

4. 流行的特点包括（　　）。

　　A. 新奇性　　　　　　　　　　B. 时效性

　　C. 周期性　　　　　　　　　　D. 持续性

　　E. 两极性

5. 流言内容的变化阶段包括（　　）。

　　A. 一般化　　　　　　　　　　B. 淡化

　　C. 强调　　　　　　　　　　　D. 同化

　　E. 差异化

三、简答题

1. 简述追随流行的心理原因。

2. 简述舆论的作用。

参考答案及解析

一、单项选择题

1.【答案】A（第97页）

【解析】知觉是大脑对当前直接作用于感觉器官的客观事物的整体反映。

2.【答案】D（第97页）

【解析】知觉是思维的"窗口"，为思维提供感觉信息，而思维又对感觉信息进行加工处理，把知觉组织起来，使其获得一定的意义。

3.【答案】D（第99页）

【解析】性格是对现实的稳定态度和习惯化的行为方式。

4.【答案】C（第100页）

【解析】定型作用，即固定的僵化印象对人的知觉的影响，也称"刻板印象"。

5.【答案】D（第100页）

【解析】早在1943年，美国心理学家马斯洛在《人类动机理论》一文中首次提出了需要层次论，并于1954年在其名著《动机与人格》中做了进一步阐述。

6.【答案】D（第101页）

【解析】自我实现的需要，马斯洛认为这是最高层次的需要，当自尊的需要得到满足以后，自我实现的需要就成为第一需要。

7.【答案】C（第104页）

【解析】态度的两极性指对事物往往有两种相互对立的极端态度。就其表现形式来看，有肯定与否定态度、赞成与反对态度、亲近与疏远态度等。

8.【答案】B（第106～107页）

【解析】在说服者的条件模式中，霍夫兰通过实验结果表明：一个对某问题享有盛誉的人总比无声誉的人更能引起更多人的态度改变。

9.【答案】D（第108页）

【解析】新奇性是所有流行项目的最显著的特征。

10.【答案】A（第119页）

【解析】心理感应抗拒理论是美国心理学家布林在其专著《心理感应抗拒理论》中首次提出的。

二、多项选择题

1.【答案】ABC（第 98 页）

【解析】知觉对象的特点影响着知觉的被动选择性。（1）知觉对象本身的特征。（2）对象和背景的差别。（3）对象的组合。

2.【答案】ABCD（第 99～100 页）

【解析】常见的原因有以下几个方面：（1）首因效应。（2）近因效应。（3）晕轮效应。（4）定型作用（刻板印象）。

3.【答案】BCE（第 106 页）

【解析】个性心理特征是指个体心理活动中稳定的心理特征，包括能力、气质和性格三个因素。

4.【答案】ABCE（第 108 页）

【解析】流行的特点包括：（1）新奇性。（2）时效性。（3）周期性。（4）两极性。

5.【答案】ACD（第 111 页）

【解析】流言内容的变化经过一般化、强调和同化三个阶段。

三、简答题

1.【答案】（1）从众与模仿。（2）求新欲望。（3）自我防御与自我显示。（4）追随流行有个别差异。（第 109～110 页）

2.【答案】舆论的作用有以下三个方面：（1）舆论的制约与监督作用。（2）舆论的鼓动作用。（3）舆论的指导作用。

正因为舆论有上述的作用，故任何一个国家和政府都十分重视对公众舆论的控制与引导，尽量利用广播、电视、报刊等宣传媒介作舆论宣传，使宣传内容反映群众的呼声，传达政府的希望和要求。（第 115～116 页）

第五章 公共关系传播模式与媒介

知识框架

公共关系传播模式与媒介
- 公共关系传播模式（5种）
  - 拉斯韦尔的"5W"模式（识记、领会、综合应用）
  - 把关人理论（识记、领会）
  - 两级传播模式（识记、领会）
  - 受众选择"3S"论（简单应用、综合应用）
  - 议题设置论（简单应用、综合应用）
- 媒介发展与演进
  - 媒介的含义（识记）
  - 传播媒介的发展与演变（领会）
    - 口语媒介阶段
    - 手抄媒介阶段
    - 印刷媒介阶段
    - 电子媒介阶段
- 公共关系的传播媒介
  - 印刷媒介：报纸与杂志（识记、领会、综合应用）
  - 电子媒介：广播与电视（识记、领会、综合应用）
  - 因特网（Internet）（简单应用）
  - 非语言传播符号（简单应用）
- 公共关系的媒介运作
  - 传播媒介的选择原则（领会）
  - 媒体组合（领会）
    - 媒体组合的概念及目标（识记）
    - 媒体组合的方式（简单应用）
  - 媒体组合的具体策略（综合应用）

本章要点讲解

第一节　公共关系传播模式

考点一　拉斯韦尔的"5W"模式（第121～122页）

【单选】传播学中，总体研究范畴的规划者是美国人哈罗德·拉斯韦尔。1948年，拉斯韦尔发表了《社会传播的结构与功能》一文，使其成为传播学的始创者之一。在该论文里，拉斯韦尔提出界定传播研究范畴的经典模式——5W模式。

【多选】拉斯韦尔的"5W"模式：

序号	"5W"模式	具体研究内容			
1	控制分析	传播的法规与政策	传播者的社会控制和自我控制	传播者对传播的影响	传播者的社会责任
2	内容分析	传播的分类	传播的符号	传播的宣传方法	
3	媒介分析	传播的媒介环境	传播的媒介特点		
4	对象分析	传播对象的心理	传播对象的劝服		
5	效果分析	传播的效果类型	影响传播效果的因素	测定传播效果定量法	

同步练习

【2016年10月·多选】传播的内容分析主要包括（　　）。

A. 传播的法规与政策　　B. 传播对象的心理

C. 传播的分类　　　　　D. 传播的符号

E. 传播的宣传方法

【答案】CDE（第122页）

考点二　把关人理论（第122页）

【单选】"把关人"又称"守门人"，它是指在信息传播过程中，对信息的提供、制作、编辑和报道能够采取"疏导"与"抑制"行为的关键人物。这个概念原出于德国著名社会心理学家库尔特·卢因在1947年所写的《群体生活的渠道》一文。

【单选】把关人的作用：枢纽作用。

【多选】把关人的传播行为包括"疏导"与"抑制"两个方面。

> **同步练习**
>
> 【2018年10月·单选】那些能够对信息的提供、制作、编辑和报道采取"疏导"与"抑制"行为的关键人物为（　　）。
>
> A. 策划人　　　　　　　　B. 创意人
>
> C. 把关人　　　　　　　　D. 监督人
>
> 【答案】C（第122页）

考点三　两级传播模式（第123页）

【单选】"两级传播论"是由美国著名社会学家拉扎斯菲尔德提出的。

【单选】两级传播的模式：媒介—意见领袖—受众。其中，意见领袖又称"舆论指导者"。

考点四　受众选择"3S"论（第123～125页）

【多选】选择过程表现为三种现象，简称为"3S"：选择性注意（Selective Attention）；选择性理解（Selective Perception）；选择性记忆（Selective Retention）。

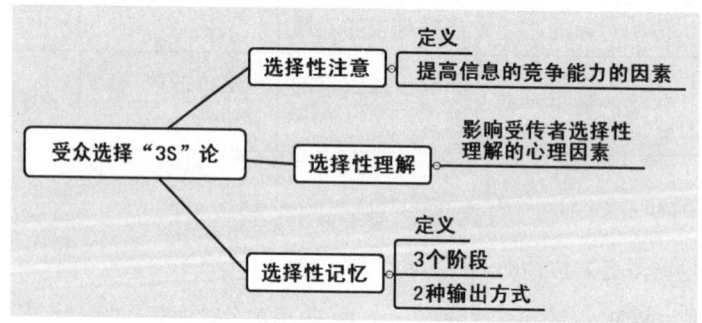

（一）选择性注意

【单选】选择性注意的定义：选择性注意就是指在信息接收过程中，人们的感觉器官虽然受到诸多信息的刺激，但是他们不可能对所有信息都做出相应的反应，只能是有选择地加以注意的心理状态。

【多选】从选择性注意的角度来看，提高信息的竞争能力的因素：（1）对比。（2）强度。（3）位置。（4）重复。（5）变化。

（二）选择性理解

【单选】选择性理解是受众心理选择过程的第二个环节，也就是消费者接收信息传播的第二关。

【单选／多选】影响受传者选择性理解的心理因素，包括需要、态度和情绪3个方面。

(三) 选择性记忆

【单选】选择性记忆的定义：记忆是一定时期内神经联系的形成和巩固。人们往往只记忆对自己有利的信息，或只记自己愿意记的信息，而其余信息往往烟消云散被忘却了。这种记忆上的取舍，就叫选择性记忆。

【多选】选择性记忆的 3 个阶段：输入；储存；输出。

【单选／多选】记忆的 2 种输出方式：辨认和回想。

同步练习

【2018 年 10 月·多选】受众选择"3S"论认为，受众选择过程表现为（　　）。

A. 选择性传播　　　　　　　B. 选择性沟通

C. 选择性注意　　　　　　　D. 选择性理解

E. 选择性记忆

【答案】CDE（第 123 页）

考点五　议题设置论（第 125～126 页）

【单选】议题设置是大众传播媒介的一个重要功能。此课题是 20 世纪 70 年代传播理论研究中最热门的课题之一，传播学学者麦库姆斯是其中最杰出的研究者。

【简答／论述】简述议题设置论的主要观点。

（1）各种传播媒介对传播信息的"过滤作用"。传播媒介对极为浩繁的信息是经过选择后才传达给公众的。当大众传播媒介热情介绍某个新闻事件，也就意味着这个新闻事件可能成为公众关注的"议题"。

（2）面对传播过多的信息环境，公众常常感到无所适从。他们需要有人出面对复杂的信息加以整理，划出重点和优先顺序，为他们选出那些值得关心和注意的事件，这正是"把关人"的作用所在。

【单选】为避免他人从后窗窥视家庭隐私，中国香港一家百叶窗企业在报上连续刊登题为"请留心你家的后窗"的销售广告，其生意顿时兴隆起来。其采用的公关传播模式为议题设置模式。

同步练习

【2016 年 4 月·单选】议题设置论的最杰出研究者是（　　）。

A. 麦库姆斯　　　　　　　　B. 拉扎斯菲尔德

C. 卢因　　　　　　　　　　D. 拉斯韦尔

【答案】A（第 125 页）

第二节 媒介发展与演进

考点一 媒介的含义（第126页）

【单选】媒介的含义：

含义		传播意义上的媒介，是指传播过程得以实现的中介，是承载、复制并传递信息的物理形式
物理形式	物质实体	包括印刷品、广播电视器材及其中的文字、符号和象征物，还包括专事传播的组织机构，如新闻社、编辑部等
	物理能力	包括电磁波、声波和光波等

同步练习

【2018年4月·单选】承载、复制并传递信息的物理形式是（　　）。

A. 公众　　　　　　　　　　B. 动机

C. 需要　　　　　　　　　　D. 媒介

【答案】D（第126页）

考点二 传播媒介的发展与演变（第127～130页）

【多选】人类脱离蛮荒到现在，传播媒介大体经历了四个阶段：口语媒介阶段、手抄媒介阶段、印刷媒介阶段和电子媒介阶段。

（一）口语媒介阶段

【单选】《诗经》与希腊史诗《伊利亚特》《奥德赛》便是通过口口相传得以保存下来，编辑成书的。

【简答／论述】口语传播的优点和弱点。

（1）优点。

①不需要辅助手段，运用简便，易于控制。作为一种与生俱来的能力，口语可便捷自在地传递人们的喜怒哀乐。

② 双向交流，可做到"有的放矢"。口语传播是一种双向传播，有可见的传播对象，传播者易得到反馈。

③ 能释放人的情绪能量，起某种心理平衡作用。再高生活水准的人也有牢骚发，而诉说有时并非为寻求实质性帮助，仅仅是一种情绪释放的心理需要而已。

（2）弱点。

① 传播距离短，覆盖范围窄。口语是靠人体的发声功能传递信息，由于人体能量的限制，口语只能在很近的距离内传递和交流。

② 口头语言消失迅速，难以直接保存。口语使用的音声符号是一种转瞬即逝的事物，口语信息的保存和积累只能依赖于人脑的记忆力。

③ 口语信息容易失真。当故事从一个族群传递到另一个族群或是代代相传时，势必丢失许多原有的意思和来龙去脉，最终变的不可理解或成了隐喻。

（二）手抄媒介阶段

【单选】信息传递的第二个媒介形态，即传播媒介发展的第二个阶段——手抄媒介阶段。

【单选】文字是人类传播发展史上第二座重要的里程碑。

【论述】试述文字传播媒介的优、缺点。

（1）优点。

① 传播距离延长、范围大。文字能够把信息传递到遥远的地方，打破了音声语言的距离限制。

② 信息可以保存，不再迅速消逝。文字克服了音声语言的转瞬即逝性，它能够把信息长久保存下来。

③ 信息传递的确切可靠性。文字的出现使人类文化的传承不再依赖容易变形的神话或传说，而有了确切可靠的资料和文献依据。

（2）缺点。

① 传播速度慢、信息容量小，规模小且成本高。一部书籍，如果要抄写多册，不但耗费时日，而且需要投入大量的人工劳动。

② 文字信息传递的局限性。由于文字信息的昂贵性以及文字本身的复杂性，加之当时教育的普及程度低，因此，手抄文字阶段的媒介基本上属于政府、官吏以及统治阶级的特权。

【简答】口语传播媒介与文字（手抄）传播媒介优缺点对比表：

传播媒介阶段	优点	缺点
口语传播媒介	（1）不需要辅助手段，运用简便，易于控制	（1）传播距离短，覆盖范围窄
	（2）双向交流，可做到"有的放矢"	（2）口头语言消失迅速，难以直接保存
	（3）能释放人的情绪能量，起某种心理平衡作用	（3）口语信息容易失真
文字（手抄）传播媒介	（1）传播距离延长、范围大	（1）传播速度慢、信息容量小，规模小且成本高
	（2）信息可以保存，不再迅速消逝	
	（3）信息传递的确切可靠性	（2）文字信息传递的局限性

> **记忆技巧**
>
> 关键字对比记忆法。
>
> 文字（手抄）传播媒介的<u>优点</u>可以同口语传播媒介的<u>缺点</u>进行对比记忆。
>
> （1）<u>长</u>对<u>短</u>，<u>大</u>对<u>窄</u>。（2）<u>保存</u>对<u>消失</u>。（3）<u>确切可靠</u>对<u>失真</u>。

（三）印刷媒介阶段

【单选】印刷媒介的出现迎来了大众传媒时代的曙光，将人类的传播手段大大向前推进了一步。从此，<u>书籍</u>、<u>报刊</u>等印刷物普及到了人类生活的每个角落。

【多选/简答】印刷媒介的优点。

（1）可<u>大规模地复制和传递信息</u>，使得传播<u>成本大大降低</u>，<u>传播速度大大加快</u>，传播范围也不可与过去同日而语，其信息容量也成倍增加，保存信息更有了得天独厚的条件。

（2）极大地增强了受众在信息传递链中的自主性。

【多选/简答】印刷媒介的不足主要体现在两个方面。

（1）<u>传播通道单一</u>。文字符号尽管对视觉刺激强烈，但缺乏动感和声音，影响了传播效果。

（2）<u>其选择性带来的局限性</u>。由于只有受过一定教育的人才能读得懂文字，顺利完成信息的接收，从而就在那些没有受过多少教育的人面前竖起了一道屏障。

（四）电子媒介阶段

【多选】电子技术的发展为人类提供了新的传播媒介。<u>广播</u>、<u>电影</u>、<u>电视</u>相继诞生。进入21世纪，电子技术迅速发展，<u>计算机</u>、<u>光纤通信</u>等迅速改变了人们的传播方式。

【单选】<u>电子媒介</u>的传播速度更快，范围更广，而且具备了多通道的特点，可以满足不同要求的受传者。

同步练习

1.【2018年4月·单选】传播媒介发展的第二个阶段是（　　）。
   A. 手抄媒介　　　　　　　B. 口语媒介
   C. 印刷媒介　　　　　　　D. 电子媒介
   【答案】A（第128页）

2.【2018年10月·单选/2016年10月·单选】"媒介是人体的延伸"的提出者是（　　）。
   A. 巴勒克拉夫　　　　　　B. 麦克卢汉
   C. 拉斯韦尔　　　　　　　D. 伯尼斯
   【答案】B（第129页）

第三节　公共关系的传播媒介

考点一　印刷媒介：报纸与杂志（第130～132页）

【单选】印刷媒介、报纸及杂志相关定义：

印刷媒介	报纸与杂志是通过印刷文字将大量的信息和意见传递给公众的大众传播媒介		
报纸	是以客观事实报道和评论为主要内容，利用印刷文字，以较短的时间间隔定期发行的一种媒体	报刊	组织报刊（面向组织公众）
杂志（期刊）	是一种定期或不定期的连续出版物，每期版式基本相同，有固定名称		社会报刊（面向社会公众）

【多选/简答/论述】报纸传播的优点和弱点。

（1）优点。

① 可充分处理论题。报纸篇幅大，能容纳较大信息量，可对某些社会和公众关切问题进行充分深入细致的分析。

② 选择性强。报纸实现了读者在阅读方式、阅读内容、阅读时间和地点上的自主选择权。

③ 易于保存、易于检索。报纸具备保存功能，同样的信息，如果是来自于电波，若不经过录音或录像设备，信息便无法保存。

④ 专业性强。报纸可针对不同类型读者进行宣传和提供专门化服务。

⑤ 经济性。报纸制作较为容易，成本不高。

（2）弱点。

① 时效性差。因受到排版、印刷、发行的限制，报纸信息传播速度不如电子媒体，人们看到的信息往往是"过去时"。

② 读者的受局限性。因是一种文字传播，没有受过多少教育的人便被排斥在此媒体之外。另外就是边远地区的人很难成为报纸的忠实受众。

③ 报纸的现场感、形象感较差。因为接收通道单一，远不如电视寥寥数语与直观形象展现来的亲切。

> **记忆技巧**
>
> **关键字词串联记忆法。**
> 优点："论强保强经济性"。缺点："时效受限现场形象差"。

【简答／论述】杂志的优点和弱点。

（1）优点。

① 针对性强。杂志种类繁多，形式多样。每种杂志都有自己的特定读者群，传播者可以面对明确的目标公众制定传播策略，做到"对症下药"，以取得最佳的传播效果。

② 信息的覆盖与更替周期长。杂志的篇幅较长，因此在信息的深度上比报纸更为突出。而且，由于其编辑时间较长，对问题的分析与调查更为深刻、详尽，信息量更大。这使杂志信息的生命周期无限延长，无疑会增强其传播效果。

③ 印刷精良，装帧较好，更具保存价值。由于杂志所提供的信息，较报纸更具深度和理性，加之其精美的印刷、良好的内容兼具美的形式，决定了其较高的重复阅读率，因此容易取得公众心理上的认同。

（2）弱点。

① 缺乏灵活性与时效性。由于杂志出版周期较长，因而时效性方面就难免不尽人意，不能及时刊登瞬息万变的经济信息。再者，由于其出版周期长，一旦定稿，难于临时更改，灵活性方面远不及报纸和电子传媒。

② 阅读范围的局限性。某些专业性强的杂志要求读者具备一定的业务知识，因此其读者数量受到了一定的局限性。

③ 感染力较差。杂志虽比报纸生动，但它毕竟是用文字符号来传播的，与电子媒体相比，仍显呆板、机械，其感染力也较逊一筹。

记忆技巧

首字词串联记忆法。

优点："针对信息印刷"。缺点："缺乏阅读感染力"。

【单选】每种杂志都有自己的特定读者群，传播者可以面对明确的目标公众制定传播策略，做到"对症下药"，以取得最佳的传播效果。

同步练习

【2017年10月·单选】以客观事实报道和评论为主要内容，利用印刷文字，以较短的时间间隔定期发行的一种媒体为（　　）。

A. 电视　　　　　　　　　　B. 网络

C. 杂志　　　　　　　　　　D. 报纸

【答案】D（第130页）

考点二　电子媒介：广播与电视（第132～133页）

【多选】电子媒介是指运用电子技术、电子技术设备及其产品进行信息传播的媒介，其中包括广播、电视、电影、录音、录像、光盘计算机网络等。而广播、电视是最主要的电子媒介。

【单选】在我国，广播是一种最为大众化的传播媒介。

【单选】从费力程度看，广播是财力、精力花费最少，使用最方便的一种传媒。

【简答/论述】广播的优点和弱点。

（1）优点。

①迅速及时，时效性强。广播传播极为迅速，它能把刚刚发生和正在发生的新闻告知公众，广播新闻中的现场报道、现场实况转播等可以使新闻报道与新闻事件同步进行。

②超远覆盖，渗透性强。广播不仅不受时间的限制，而且也不受空间的阻隔。

③声情并茂，感染力强。广播以"声"动人，以"情"感人。通过声情并茂的播音，不仅可以把人带到现场，而且还可以调动人的感情。

④雅俗皆宜，群众性强。从费力程度看，广播是财力、精力花费最少，使用最方便的一种传媒。

(2) 弱点。

① 稍纵即逝，过耳不留。听众的注意力只能追随广播播放的内容，不能像看书读报那样停顿下来推敲、思考。

② 顺序收听，选择性差。作为一种线性传播，广播内容是按时间顺序来编排的，听众只能服从节目表的安排，按时收听，既无法提前也不能滞后。

③ 形象感不强。广播也是单通道传播，只通过语言、音响影响受传者，没有文字和图像，在形象感方面远不及电视，较之报刊，也略显逊色。

> **记忆技巧**
>
> **关键字词串联记忆法。**
>
> 优点："迅速时效，超远渗透，声情感染，雅俗群众"。缺点："稍纵过耳，顺序选择，形象感不强"。

【简答/论述】电视的优点和缺点。

（1）优点。

① 视听兼备，声画并茂。既能听又能看，是电视的最大特点。

② 现场感强，可信度高。电视可以逼真地再现信息源的多种情景。

③ 近距离观赏，亲切自由。电视普及到家庭，受传者大多在业余时间接受信息，特别是与家人一起收看。这种近距离的收视形式和家庭氛围的收视环境，容易产生亲切感。

④ 传播内容的兼容性、开放性。电视是一门综合艺术，可同时刺激受传者的听觉、视觉，展示各种信息。

（2）缺点。

① 反映信息的表面性。电视最突出优势在于声画并茂，可信度高，但它信息传播的深度较之印刷媒体会浅很多。

② 反映的不可再现性。电视传播缺乏记录性，不易查找和记录。

③ 费用较高。由于电视节目的制作、接收、传送和保存的成本较高，对经济的支付能力要求相应也高，社会组织在运用电视媒体进行信息传递时所需费用就比较昂贵。

> **记忆技巧**
>
> **关键字词串联记忆法。**
>
> 优点："视听现场近距离传播"。缺点："表面不可再现高"。

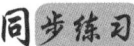

【2018年4月·单选】财力、精力花费最少，使用最方便的传播媒介是（　　）。

A. 广播　　　　　　　　　　B. 报纸

C. 电视　　　　　　　　　　D. 网络

【答案】A（第132页）

考点三　因特网（Internet）（第134～136页）

【简答/论述】因特网的优缺点。

与传统的四大媒体比较，网络新媒体具有许多优点，当然也有不可克服的缺点。

（1）优点。

① 兼容性。由于因特网集报纸、广播、电视三者之长于一体，实现了文字、图片、声音、图像等报道手段的有机结合。

② 互动性。互动功能是指信息的传递者和受众之间的信息交流。

③ 全球性。因特网采取了数字技术，数字化的优越性不仅便于传送和复制高质量的电视节目，更重要的是方便不同信息之间的相互转换。

④ 存储与检索。因特网上的信息是用比特方式存储的，可以存在磁盘、光盘等通用介质上。

⑤ 即时性。因特网媒体可以随时发布新闻，不必受发行、设备等方面的诸种局限性。

⑥ 针对性强。因特网的用户是固定的，其需求也是固定；另外，用户在发布信息时，信息的接受者也是确定的。这都使得因特网的针对性大为增强。

（2）缺点。

① 缺乏严谨性。因特网快捷灵活的报道、巨大的信息量，使得网站发布的新闻，比较普遍的现象是草率，重数量不重质量。

② 缺乏深度与原创性。网络仅仅担当了一个信息发布平台的角色，而且，信息的原创性不高。

③ 缺乏权威性。由于传统意义上的"把关人"在网络环境里发生了重大变化，任何人可以成为信息的发布者，因此信息的权威性大打折扣。

④ 缺乏规矩。计算机网络在中国得到快速发展的时间不长，但却引发了许多违规案例。主要有三种：一是侵犯版权；二是发布虚假消息；三是在网上恶意侮辱、诽谤造谣、攻击他人或组织。

记忆技巧

关键字词串联记忆法：

优点："监护权（兼互全）检即对"。缺点："缺乏'竟生畏惧（谨深威矩）'感"。

同步练习

【2016年10月·单选】具有互动性特征的大众传播电子媒介是（　　）。

A. 报纸　　　　　　　　　　　　B. 网络

C. 电视　　　　　　　　　　　　D. 杂志

【答案】B（第135页）

考点四　非语言传播符号（第136～137页）

【单选/多选】卢斯契和基斯将非语言传播方式分为三大类：

序号	非语言传播方式类型	列举
1	标记语言	如聋哑人的手语、交通警的指挥手势、军队的电码，以及一般人惯用的一些表意形式。如中国人跷起大拇指表示赞叹，西方一些民族将拇指朝下表示"坏"或"差"等
2	行动语言	如吃喝、挥手、接吻、跺脚等，兼具有功能上和传播上的双重意义
3	物体语言	人们有意无意地摆设的一些物体，其特定的形态也能十分准确地表达某种含义，如衣着打扮、环境布置、房间设计等，都具有表意作用

【简答】简述非语言传播的特性。

在信息的传递过程中，非语言符号传播出来的无声的信息是语言传播符号所不能取代的，而且对语言传播还可起到独特的辅助作用，而其功能的体现是由其传播特性决定的。（1）传播性。（2）情境性。（3）可信性。（4）组合性。（5）隐喻性。总之，非语言传播在信息传递中起着不可忽视的重要作用。

> **记忆技巧**
>
> 首字串联记忆法:"传情可组隐"。

【单选】在一个互动的环境中,<u>非语言符号总是不停地传播着</u>。有时候"<u>此时无声胜有声</u>",由此传递的信息同语言传播一样丰富多彩。

【单选】在非语言传播的情境中,<u>如一般认为点头表示同意,摇头表示拒绝,然而在保加利亚的一些地区,情况恰恰相反</u>。

【单选】从他人非语言符号所透露出来的"<u>蛛丝马迹</u>"发现有价值的信息,说明非语言传播具有<u>隐喻性</u>。

> **同步练习**
>
> 1.【2018年4月·单选】聋哑人的手语属于( )。
>   A. 标记语言　　　　　　　　B. 行动语言
>   C. 物体语言　　　　　　　　D. 口头语言
>   【答案】A(第136页)
>
> 2.【2018年10月·单选】从他人非语言符号所透露出来的"蛛丝马迹"发现有价值的信息,说明非语言传播具有( )。
>   A. 隐喻性　　　　　　　　　B. 可信性
>   C. 组合性　　　　　　　　　D. 情境性
>   【答案】A(第137页)

第四节　公共关系的媒介运作

考点一　传播媒介的选择原则(第137~139页)

【论述】试述传播媒介的选择原则。

(1)根据<u>目标受众</u>的特点选择传播媒介。

①要根据目标受众的实际情况来选择媒体。②根据目标受众对媒体的接触率及习惯来选

择媒体。③要根据目标受众的居住区域的自然状况、气候条件、生活水平等来选择媒体。

（2）根据特性及影响力选择传播媒介。不同的媒体有不同的特性，不同特性的媒体适宜刊播不同的信息。在选择媒体时，除了要考虑媒体的特性外，更要注意它的影响力。

（3）根据信息的特点选择传播媒介。

（4）根据竞争对手的媒介运用状况选择传播媒体。

（5）根据讲求经济效益的原则选择传播媒介。

【多选】评判一个媒体的影响力，可从两方面着手：（1）是对媒体质的方面的考察。如媒体的权威性、可信度、媒体环境等。（2）是对媒体量的方面的考察。可通过媒体的覆盖域、接触率、到达率、暴露频次及有效达到率来评估。

考点讲解

考点二　媒体组合（第139～140页）

【单选】媒体组合的定义：也可称之为媒体整合。媒体组合的基本考虑，就是从全局的高度，用有限的经费，对媒体资源进行合理配置和利用，以取得最佳的信息传播效果。

【简答】媒体组合的目标。

媒体组合应满足6个方面的要求：

序号	要求
1	要有利于实现组织信息在内容和表现形式方面的系列化
2	要有利于组织树立良好的产品或服务形象
3	要有利于信息有针对性地达到目标受众、影响目标受众
4	要有利于组织针对竞争对手的信息传播开展有力进攻或实施有效的防御
5	要有利于信息传播的时机性要求
6	媒体组合本身要实现多样性

【简答】简述媒体组合的优点。

媒体组合的优点可概述如下。

第一，它实现了信息的多层次化。

第二，它能使信息集中传播。

第三，它可带来冲击力的乘积效果。

第四，它可实现最大的到达率与到达次数。

考点讲解

【多选/简答】媒体组合的方式。

媒体组合归结起来概括为两种，即集中型媒体组合和分散型媒体组合。

（1）集中型媒体组合。

【单选】所谓集中型媒体组合就是采取把有限的广告费用集中投入到某一特定媒体的方法。

（2）分散型媒体组合。

【单选】所谓分散型媒体组合，就是组织利用不同的媒体，将有关信息传递给不同的人群。

同步练习

【2018年4月·单选】把有限的广告费用集中投入到某一特定媒体的方法为（　　）。

A. 异质化媒体组合　　　　　　B. 差异化媒体组合

C. 分散型媒体组合　　　　　　D. 集中型媒体组合

【答案】D（第140页）

考点三　媒体组合的具体策略（第140～141页）

【多选/简答/论述】媒体组合的具体策略。

在具体实施媒体组合的过程中，可采用的具体策略有以下三种。

（1）各种媒体间的组合。

媒体组合首先是各种媒体之间的组合。要使报刊、广播、电视、路牌、网络等媒体都能围绕着共同的传播主题来进行，同时又尽可能地发挥各自的优势。

（2）媒体内部的组合。

媒体内部的组合是指各种媒体内部的栏目之间的组合，如电视台之间的组合，各电视台内部栏目之间的组合。

（3）媒体中广告内容的组合。

除了媒体的组合之外，各种媒体中的广告内容也要根据需要进行组合。如以新产品的推广为例，可通过广播电视告知信息，同时通过专业性报刊进行详尽的产品介绍。

章节训练

一、单项选择题

1. 在公关传播模式中,"5W"模式的提出者是(　　)。
   A. 拉斯韦尔　　　　　　　　B. 伯尼斯
   C. 马斯洛　　　　　　　　　D. 布林

2. "把关人"概念的提出者是(　　)。
   A. 杰夫金斯　　　　　　　　B. 拉斯韦尔
   C. 麦库姆斯　　　　　　　　D. 卢因

3. 美国著名社会学家拉扎斯菲尔德提出的理论是(　　)。
   A. 5W 理论　　　　　　　　　B. 把关人理论
   C. 两级传播论　　　　　　　D. 3S 论

4. 受众心理选择过程的第二个环节是(　　)。
   A. 选择性注意　　　　　　　B. 选择性理解
   C. 选择性记忆　　　　　　　D. 选择性输出

5. 为避免他人从后窗窥视家庭隐私,香港一家百叶窗企业在报上连续刊登题为"请留心你家的后窗"的销售广告,其生意顿时兴隆起来。其采用的公关传播模式为(　　)。
   A. 5W 模式　　　　　　　　　B. 把关人模式
   C. 两级传播模式　　　　　　D. 议题设置模式

6. 电磁波、声波和光波等属于媒介物理形式中的(　　)。
   A. 信息加工站　　　　　　　B. 物质实体
   C. 物理能力　　　　　　　　D. 信息存贮站

7. 希腊史诗《伊利亚特》《奥德赛》得以传承保存下来的媒介形式为(　　)。
   A. 口语媒介　　　　　　　　B. 手抄媒介
   C. 印刷媒介　　　　　　　　D. 电子媒介

8. 有特定的读者群,传播者可面对明确的目标公众制定传播策略的媒体为(　　)。
   A. 小道消息　　　　　　　　B. 报纸
   C. 微博　　　　　　　　　　D. 杂志

9. 兼具功能上和传播上双重意义的语言，如挥手、跺脚等属于（   ）。

    A. 物体语言   B. 行动语言

    C. 标记语言   D. 模拟语言

10. 在公关传播领域，"此时无声胜有声"属于（   ）。

    A. 实体传播   B. 虚拟传播

    C. 电波传播   D. 非语言传播

11. 在保加利亚的一些地区，点头表示拒绝，摇头表示同意，这所反映的非语言传播特性是（   ）。

    A. 隐喻性   B. 可信性

    C. 组合性   D. 情境性

12. 从全局的高度，用有限的经费对媒体资源进行合理配置和利用，以取得最佳信息传播效果的过程称为（   ）。

    A. 媒体选择   B. 媒体合作

    C. 媒体组合   D. 媒体规划

二、多项选择题

1. 传播的对象分析主要包括（   ）。

    A. 传播对象的心理   B. 传播对象的劝服

    C. 传播对象的选择   D. 传播对象的分类

    E. 传播对象的知识背景

2. 影响受传者选择性理解的心理因素包括（   ）。

    A. 需要   B. 态度

    C. 情绪   D. 对比

    E. 强度

3. 报纸传播的弱点有（   ）。

    A. 时效性差   B. 读者的受局限性

    C. 现场感差   D. 形象感差

    E. 费用较高

4. 下列属于标记语言的有（   ）。

    A. 聋哑人手语   B. 接吻

    C. 交警手势   D. 环境布置

    E. 军队电码

三、简答题

1. 简述口语传播的优点。

2. 简述广播传播的优点。

3. 简述电视传播的弱点。

4. 简述网络传播的缺点。

5. 简述非语言传播的特性。

6. 简述媒体组合的优点。

四、论述题

1. 试述文字传播媒介的优点和缺点。

2. 试述杂志传播的优点和缺点。

3. 试述传播媒介选择的原则。

五、案例分析题

"我们不生产水,我们只是大自然的搬运工。"这则农夫山泉宣传广告语的播出立时引起公众的广泛关注和热议,为公司产品热销提供了良好宣传效果。

请结合公关传播模式中的议题设置论分析该企业的做法。

参考答案及解析

一、单项选择题

1.【答案】A(第121页)

【解析】1948年,拉斯韦尔发表了《社会传播的结构与功能》一文,使其成为传播学的始创者之一。在这篇论文里,拉斯韦尔提出了界定传播研究范畴的经典模式——5W模式。

2.【答案】D(第122页)

【解析】"把关人"又称"守门人",它是指在信息传播过程中,对信息的提供、制作、编辑和报道能够采取"疏导"与"抑制"行为的关键人物。这个概念原出于德国著名社会心理学家库尔特·卢因在1947年所写的《群体生活的渠道》一文。

3.【答案】C（第 123 页）

【解析】"两级传播论"是由美国著名社会学家拉扎斯菲尔德提出的。

4.【答案】B（第 124 页）

【解析】选择性理解是受众心理选择过程的第二个环节，也就是消费者接收信息传播的第二关。

5.【答案】D（第 126 页）

【解析】"请留心你家的后窗"的销售广告，其生意一下子兴隆起来。这家企业借"后窗热"这个与自己产品关联度极高的议题，轻而易举地掀起了一个百叶窗热，从中获得了良好的市场效益。

6.【答案】C（第 126 页）

【解析】物理能力则包括电磁波、声波和光波等。

7.【答案】A（第 127 页）

【解析】《诗经》与希腊史诗《伊利亚特》《奥德赛》便是通过口口相传得以保存下来，编辑成书的。

8.【答案】D（第 131 页）

【解析】每种杂志都有自己的特定读者群，传播者可以面对明确的目标公众制定传播策略，做到"对症下药"，以取得最佳的传播效果。

9.【答案】B（第 136 页）

【解析】行动语言包括那些不特别用于代表某种信号的所有身体运动，不但显示身体的移动或完成某种动作状态，而且泄露与此动作有关的其他讯息，如吃喝、挥手、接吻、跺脚等，兼具有功能上和传播上的双重意义。

10.【答案】D（第 137 页）

【解析】在一个互动的环境中，非语言符号总是不停地传播着。在人际交往中，有时候"此时无声胜有声"，由此传递的信息同语言传播一样丰富多彩。

11.【答案】D（第 137 页）

【解析】在跨文化传播中，这种传播的情境性体现得更为明显。如一般认为点头表示同意，摇头表示拒绝，然而在保加利亚的一些地区，情况恰恰相反。

12.【答案】C（第 139 页）

【解析】媒体组合也可称之为媒体整合。媒体组合的基本考虑，就是从全局的高度，用有限的经费，对媒体资源进行合理配置和利用，以取得最佳的信息传播效果。

二、多项选择题

1.【答案】AB（第 122 页）

【解析】传播的对象分析主要包括：传播对象的心理；传播对象的劝服等。

2.【答案】ABC（第 124 页）

【解析】影响受传者选择性理解的心理因素，包括需要、态度和情绪三个方面。

3.【答案】ABCD（第 131 页）

【解析】报纸传播的弱点：（1）时效性差。（2）读者的受局限性。（3）报纸的现场感、形象感较差。

4.【答案】ACE（第 136 页）

【解析】标记语言即用手势、代号等代替文字语言的特殊标记系统。如聋哑人的手语、交通警的指挥手势、军队的电码，以及一般人惯用的一些表意形式。如中国人跷起大拇指表示赞叹，西方一些民族将拇指朝下表示"坏"或"差"等。

三、简答题

1.【答案】口语传播的优点：（1）不需要辅助手段，运用简便，易于控制。（2）双向交流，可做到"有的放矢"。（3）能释放人的情绪能量，起某种心理平衡作用。（第 127 页）

2.【答案】广播传播的优点：（1）迅速及时，时效性强。（2）超远覆盖，渗透性强。（3）声情并茂，感染力强。（4）雅俗皆宜，群众性强。（第 132 页）

3.【答案】电视传播的弱点：（1）反映信息的表面性。（2）反映的不可再现性。（3）费用较高。（第 133 页）

4.【答案】网络传播的缺点：（1）缺乏严谨性。（2）缺乏深度与原创性。（3）缺乏权威性。（4）缺乏规矩。（第 135 页）

5.【答案】在信息的传递过程中，非语言符号传播出来的无声的信息是语言传播符号所不能取代的，而且对语言传播还可起到独特的辅助作用，而其功能的体现是由其传播特性决定的。（1）传播性。（2）情境性。（3）可信性。（4）组合性。（5）隐喻性。总之，非语言传播在信息传递中起着不可忽视的重要作用。（第 136～137 页）

6.【答案】媒体组合的优点可概述如下：第一，它实现了信息的多层次化。第二，它能使信息集中传播。第三，它可带来冲击力的乘积效果。第四，它可实现最大的到达率与到达次数。（第 139～140 页）

四、论述题

1.【答案】具体说来，文字传播媒介的优、缺点表现为以下几个方面。

（1）优点。① 传播距离延长、范围大。文字能够把信息传递到遥远的地方，打破了音声语言的距离限制。② 信息可以保存，不再迅速消逝。文字克服了音声语言的转瞬即逝性，它能够把信息长久保存下来。③ 信息传递的确切可靠性。文字的出现使人类文化的传承不再依赖容易变形的神话或传说，而有了确切可靠的资料和文献依据。

（2）缺点。① 传播速度慢、信息容量小，规模小且成本高。一部书籍，如果要抄写多册，不但耗费时日，而且需要投入大量的人工劳动。② 文字信息传递的局限性。由于文字信息的昂贵性以及文字本身的复杂性，加之当时教育的普及程度低，因此，手抄文字阶段的媒介基本上属于政府、官吏以及统治阶级的特权。（第128～129页）

2.【答案】（1）杂志的优点：① 针对性强。杂志种类繁多，形式多样。每种杂志都有自己的特定读者群，传播者可以面对明确的目标公众制定传播策略，做到"对症下药"，以取得最佳的传播效果。② 信息的覆盖与更替周期长。杂志的篇幅较长，因此在信息的深度上比报纸更为突出。而且，由于其编辑时间较长，对问题的分析与调查更为深刻、详尽，信息量更大。这使杂志信息的生命周期无限延长，无疑会增强其传播效果。③ 印刷精良，装帧较好，更具保存价值。由于杂志所提供的信息，较报纸更具深度和理性，加之其精美的印刷，良好的内容兼具美的形式，决定了其较高的重复阅读率，因此容易取得公众心理上的认同。

（2）杂志的缺点：① 缺乏灵活性与时效性。由于杂志出版周期较长，因而时效性方面就难免不尽人意，不能及时刊登瞬息万变的经济信息。再者，由于其出版周期长，一旦定稿之后，难于临时更改，灵活性方面远不及报纸和电子传媒。② 阅读范围的局限性。某些专业性强的杂志要求读者具备一定的业务知识，因此其读者数量受到了一定的局限性。③ 感染力较差。杂志虽比报纸生动，但它毕竟是用文字符号来传播的，与电子媒体相比，仍显呆板、机械，其感染力也较逊一筹。（第131～132页）

3.【答案】（1）根据目标受众的特点选择传播媒介。

① 要根据目标受众的实际情况来选择媒体。② 根据目标受众对媒体的接触率及习惯来选择媒体。③ 要根据目标受众的居住区域的自然状况、气候条件、生活水平等来选择媒体。

（2）根据特性及影响力选择传播媒介。

不同的媒体有不同的特性，不同特性的媒体适宜刊播不同的信息。在选择媒体时，除了要考虑媒体的特性外，更要注意它的影响力。

（3）根据信息的特点选择传播媒介。

（4）根据竞争对手的媒介运用状况选择传播媒体。

（5）根据讲求经济效益的原则选择传播媒介。（第137～139页）

五、案例分析题

【答案】议题设置是大众传播媒介的一个重要功能。

（1）1972年，麦库姆斯等经过研究认为，大众传播对某些议题的着重强调和这些议题在受传中受重视的程度构成强烈的正相关关系。换言之，在大众传播中越突出某一事件，多次、大量地报道某一事件，就会使社会中的公众突出地议论这一话题，这便是"议题设置"。

（2）公共关系传播活动中，通过大众传播媒介在社会中形成一个热门话题，让这个话题直接或间接地与组织及其产品挂上钩，从而达到良好的传播效果。一般做法可能是，别出心裁地搞出一个奇特的创意，以吸引公众的注意力。如飞机上天撒手表，高价征寻广告词，有奖打捞易拉罐，踊跃打破"吉尼斯纪录"等，这些活动都不过是为了让公众因好奇而议论此事。

（3）生产农夫山泉矿泉水的企业正是抓住了公众好奇心这一心理特点，采用公共关系学中的议题设置论这一传播手段，通过别出心裁的宣传广告语引起了公众的广泛关注和热议，从而起到了很好的宣传效果。（第125～126页）

第六章 公共关系策划与管理

◆ 知识框架

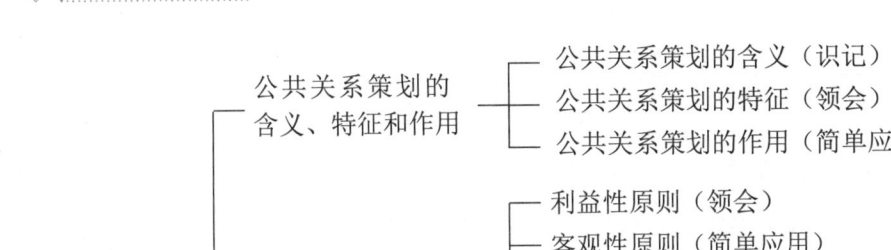

本章要点讲解

第一节 公共关系策划的含义、特征和作用

考点一 公共关系策划的含义（第142页）

【单选】制定公共关系活动计划的过程就叫公共关系策划。

【简答】公共关系策划的含义。

（1）公共关系策划是公共关系人员的工作，由公共关系人员来完成。

（2）公共关系策划是为组织目标服务的，应针对组织公共关系工作的整体目标。

（3）公共关系策划是公共关系实务的事先筹划活动，应建立在公共关系调查的基础上，是指导未来行动的构思方案。

（4）策划是一个科学、严谨、富于创造性的过程。

（5）策划既有全局性、长期性的公共关系战略运筹，又有针对某次公共关系活动的专题谋划，还有常规公共关系活动的技巧安排。

考点二　公共关系策划的特征（第142～143页）

【简答】从公共关系策划的定义的角度来分析，公共关系策划的特征表现在以下几个方面：(1) 目标性。(2) 思想性。(3) 创造性。(4) 程序性。(5) 灵活性。(6) 时机性。

【单选】确定目标作为公共关系策划全过程的首要环节，是策划的前提，没有目标就无从策划。

【单选】公共关系策划是高级的公共关系工作，之所以这样说，是因为公共关系策划的思想性较强。

【单选】每一个组织，都有其自身的行业特征、资源个性和环境差异，更有其不同的公共关系预期。因此，公共关系策划必须是一种创造性的工作。创造性是公共关系策划的生命力。

同步练习

【2018年10月·单选】公关策划全过程的首要环节是（　　）。

A. 确定目标　　　　　　　　B. 设计方案

C. 选择方案　　　　　　　　D. 实施方案

【答案】A（第143页）

考点三　公共关系策划的作用（第144～145页）

【简答】简述公共关系策划的作用。

随着公共关系的发展，策划问题已经引起了企业和社会的高度重视。尤其是现代化的企业，如果没有高水平的公共关系策划，便没有企业的发展。策划是公共关系活动的先导。(1) 公共关系策划是市场经济发展的客观要求。(2) 公共关系策划是企业经营管理的重要任务。(3) 公共关系策划是塑造组织形象的关键。(4) 公共关系策划是公共关系活动成功的保证。

【单选】策划是公共关系活动的先导。

【单选/多选】公共关系策划是企业高层经营管理者的首要任务；是企业经营管理决策的依据。

第二节　公共关系策划的原则

考点一　公共关系策划的原则（第145～147页）

【多选/简答/论述】试述公共关系策划的原则（5个）。

公共关系策划的原则是指在公共关系策划活动过程中所必须遵循的指导原则和行动准则。

（1）利益性原则。马克思说过："人的一切行为，都是为了利益的获取。"

（2）客观性原则。以客观事实为基础，遵守客观性原则，不隐瞒歪曲事实真相。

（3）系统性原则。从整体出发，考虑问题全面、周到。

（4）可行性原则。策划方案可被实施并能取得科学有效的效果。

（5）灵活性原则。具有相应的弹性及灵活性，以应付复杂多变的环境。（第145～147页）

【单选】马克思说过："人的一切行为，都是为了利益的获取。"

【单选】利益应当是公共关系策划和公共关系行为的原动力。

【单选/多选】组织的利益由组织的经济效益和社会效益两方面构成。

【单选】公共关系策划，首先要考虑的应当是公众的利益。

【单选】可行性原则要求策划者要以科学理论为指导，以策划目标为前提，调查研究分析策划对象的现状和要求，制定出切实可行的公共关系策划方案并对其进行评估。

【多选/简答】可行性原则的具体要求：

（1）进行可行性分析。

（2）进行可行性实验。

（3）方案必须具备行动性和有效性。

【多选】可行性分析包括利害性分析、经济性分析、科学性分析和合法性分析。

【单选】可行性实验是可行性分析的最高形式和最后手段。

【多选】根据灵活性原则，策划者在策划过程中应努力做到：

（1）以动态的眼光看世界，以应变的头脑想对策。

（2）策划方案必须具有相当的弹性。

第三节 公共关系策划的管理和方法

考点一 公共关系策划的管理（第 147～151 页）

【单选/简答】目前，在公共关系活动中，被人们普遍接受并得到广泛运用的是英国著名公共关系专家弗兰克·杰夫金斯提出的策划公共关系工作方案的六点模式，亦称"<u>六步工作法</u>"。这"六步"是：

确立目标 ➡ 设计主题 ➡ 分析目标公众 ➡ 选择媒介 ➡ 编制预算 ➡ 审定方案

（一）第一步——确立目标

【单选/多选】公共关系目标类型：

划分标准	类型	相关定义
根据公关目标体系一般划分	长期目标	这类目标涉及组织长远发展和经营管理战略等重大问题，它与组织的整体目标相一致。时间跨度在 5 年或 5 年以上
	近期目标	这类目标是围绕长期目标制定的具体实施的目标，它内容具体，有明确的指导性，对公共关系工作有实际的指导作用，时间跨度在 5 年以下
	一般目标	这类目标是依据各类或多数公众的要求、意图、观念或行为的同一性制定的
	特殊目标	所谓特殊目标是针对那些与组织目标、信念、发展以及利益相同或相近的公众的特殊要求制定的。这类目标具有特殊的指向性
根据公关活动类型划分		传播信息、改变态度、联络感情、引起行为
根据公关活动作用划分		<u>进攻型目标</u>、<u>防守型目标</u>

（二）第二步——设计主题

【单选】<u>公共关系活动的主题</u>是对公共关系活动内容的<u>高度概括</u>，它统率整个公共关系活动，联结所有活动项目，使之成为一个有机的整体。

（三）第三步——形象策划中的公众研究

【单选】形象成功与否取决于公众的评价。

【多选】认定目标公众的方法一般为：（1）以活动目标划定目标公众。（2）以组织实力划定目标公众。（3）以组织需要划分目标公众。

（四）第四步——选择传播渠道和媒介

【单选】传播渠道和媒介的选择是"六步工作法"的第四步，也是公共关系策划的关键一步，因为对其选择是否适当，直接影响到公共关系工作的效果。

【多选】就传播渠道而言，目前公共关系工作用得最多的主要有人际传播渠道、组织传播渠道和大众传播渠道三大类。

（五）第五步——编制预算

【多选】公共关系预算的内容：（1）费用预算。（2）人力预算。（3）时间预算。

【多选】公共关系费用大致可分为基本费用和实际活动费用。基本费用包括人工报酬、办公费用、专项器材费用、专项资料费用等。实际活动费用包括招待费、广告宣传费、赞助费、举行大型纪念活动或庆典活动等各项经费开支。

【多选】公共关系预算的编制方法：（1）按销售额抽成法。（2）项目作业综合法。（3）平均发展速度预测法。

（六）第六步——审定方案

【单选】策划的最后一步是审定方案，即对方案进行可行性论证。

同步练习

1.【2016年4月·单选】弗兰克·杰夫金斯提出的"六步工作法"中的第四步是（　　）。

　　A. 确定目标　　　　　　　B. 审定方案

　　C. 选择媒介　　　　　　　D. 设计主题

【答案】C（第147页）

2.【2018年10月·多选】编制公关预算的方法主要有（　　）。

　　A. 按销售额抽成法　　　　B. 项目作业综合法

　　C. 平均发展速度预测法　　D. 零基预算法

　　E. 滚动预算法

【答案】ABC（第151页）

习题讲解

考点二 公共关系策划方法（第151～158页）

（一）思维方式

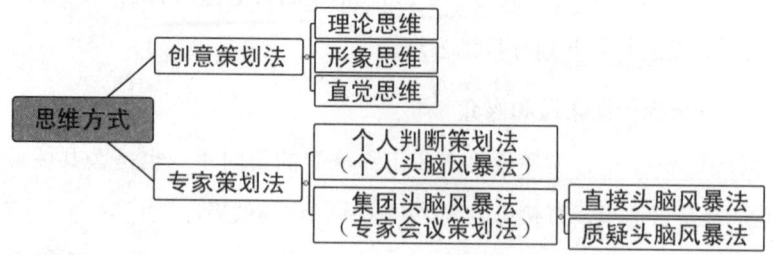

1. 创意策划法

【多选／简答】创意策划法的定义：创意策划法是通过创造思维方式进行的公共关系方案的策划。

【单选／多选】理论思维：是以科学理论与专业知识为依据展开的思维。它是一种高层次的思维，也是一种最基本的思维，在公共关系策划活动中应用很多。理论思维具有科学性、系统性和间接可行性等特点。

【单选／多选】形象思维：是指策划者依据观察生活中的各种现象加以选择、分析、综合，然后进行形象塑造的思维方式。它具有形象性、概括性等特点。

【单选／多选】直觉思维：最常用的形式是联想思维，联想思维是指策划者由某一事物联想到另一事物的思维活动方式。联想是开发人的创造性思维的一种方法。

2. 专家策划法

【单选】专家策划法的定义：专家策划法是借助于专家创造性逻辑思维提出意见，并进行综合分析的一种方法。

【多选】专家策划法已经成为现代公共关系策划所运用的一种最具有价值的方法。依据专家人数，一般将专家策划法分为两大类：个人判断策划法、集团头脑风暴法。

【单选】个人判断策划法（个人头脑风暴法）可以保证公共关系策划工作直接、快速、及时。

【多选／简答】集团头脑风暴法特点：

序号	特点
1	能够发挥若干专家所组成的团体的宏观智能结构效应，而且这种效应往往大于团体中各个成员单独创造能力的总和
2	通过多个专家之间的信息交流而引发思维共振，可在较短的时间内取得可喜的创造性成果

续表

序号	特点
3	专家会议的信息量，比任何一个成员单独占有的信息量都要大
4	专家会议考虑的因素，总比某个成员单独考虑的要多
5	专家会议提出的方案，比某个成员单独提出的方案更具体、更全面

【多选】集团头脑风暴有两种形式：直接头脑风暴法、质疑头脑风暴法。

【单选】直接头脑风暴法又称畅谈会法或智力激励法。由美国著名工程学家奥斯本于1939年首创。

【多选/简答】直接头脑风暴法的具体实施步骤（7个）：（1）准备阶段。（2）"热身"。（3）介绍问题。（4）重新叙述问题，即改换另外一种表达问题的方式。（5）选择最富有启发性的重新叙述形式，以便保证与会者在思维最活跃、想象力最丰富、创造力发挥处于顶峰时，能够考虑那些有利于问题解决的关键方面。（6）通过畅谈提出多种多样的方案。（7）对方案进行评价。

【简答】质疑头脑风暴法中对设想进行质疑的3个阶段。

第一阶段，对与会者所提出的每一个设想都要进行质疑和全面评价，以便研究有碍设想实现的问题。

第二阶段，对每一组甚至每一个设想，编制一个评论意见一览表以及可行设想一览表。

第三阶段，对质疑过程中提出的评价意见进行估价，以便形成一个对解决所论问题实际可行的最终设想一览表。

（二）策划可借鉴的公共关系活动模式

【单选/多选/简答】公共关系活动的业务方式。

根据公共关系工作的业务类型，可以将公共关系活动划分为以下五种方式：

序号	业务方式类型	具体内容
1	宣传型公共关系	特点：主导性强，时效性强，传播面广，推广组织形象的效果快，能较为有效地沟通组织与公众之间的关系，特别有利于提高组织的知名度
		其表现形式两大类：（1）是借助大众媒介来传播信息，如在报刊、电台、电视台上刊播新闻稿、专题通讯、经验介绍、记者专访、广告等，或举行记者招待会、新闻发布会、信息发布会，向大众媒介提供各种信息。（2）是由组织自己举办各种宣传活动，如展览会、展销会、经验技术交流会、演讲会、有奖竞赛、接待参观、印发宣传品、制作视听资料等

续表

序号	业务方式类型	具体内容
2	交际型公共关系	是运用最多、最广泛的模式
		操作形式分为：社团交际和个人交际两大类
3	服务型公共关系	特点：以行动作为最有力的语言，实在实惠，最容易为公众所接受，特别有利于提高组织的美誉度
4	社会活动型公共关系	特点：社会参与面广，与公众接触面大，社会影响力强，形象投资费用也高，能同时有效地提高知名度和美誉度
		表现方式：（1）以组织的重要活动为中心开展活动。（2）以赞助社会文体、福利事业为中心举办活动。（3）组织与新闻单位合办活动
		社会型公共关系的特点：公益性、文化性
5	征询型公共关系	是以采集信息、调查舆论、民意测验为主的公共关系模式，它通过了解社情民意，为组织决策提供依据
		反映民意，是公共关系的天职
		特点：细水长流，日积月累，持之以恒

【简答】简述交际型公共关系。

（1）交际型的公共关系活动主要运用各种交际方法和沟通艺术，广交朋友，协调关系，缓和矛盾，化解冲突，为组织创造"人和"的社会环境。

（2）这种模式的公共关系，使人际沟通进入情感层次，具有直接性、灵活性，在加强感情联络方面效果突出，它融汇在日常交往的各个方面，是运用最多、最广泛的模式。

【单选/多选/简答】公共关系活动的行为方式。

针对不同的组织环境和组织公共关系的具体状态可以采取不同的公共关系行为方式：

序号	行为方式类型	内容
1	建设型公共关系	组织为了打开局面，采用宣传与交际相结合的方法，向公众主动介绍自己，给公众留下良好的第一印象
		多用于组织的开创阶段。其主要功能是引起注意，提高认识程度
2	维系型公共关系	通过各种传播媒介，以较低的姿态，持续不断地向社会公众传送组织机构的各种信息，久而久之，使组织的有关形象潜移默化在公众的长期记忆系统中，一旦有需要，公众就可能首先想到你
		一般用于组织的稳定发展时期。在具体操作上，可分为软维系和硬维系两种形式

续表

序号	行为方式类型	内容
3	进攻型公共关系	组织与公众发生冲突、与环境产生严重失调，其生存、发展面临阻力、危机时，为了摆脱被动局面，组织以积极主动的姿态，以攻为守，改造环境，调整与公众的关系，创造新局面的一种公共关系模式
		特征：主动性、进攻性，以"创"为主
4	防御型公共关系	当组织的政策或行为出现了不适应公众的现象，或双方显露出摩擦苗头时，组织通过及时调整自己的政策和行为去适应公众，防止双方关系失调的公共关系模式
		特征：以防为主，防患于未然，避免矛盾尖锐化
5	矫正型公共关系	当组织形象遭受损害时，组织立即采取措施，做好善后补救工作，挽回影响，重建形象的公共关系模式
		主要功能：纠正或消除损害组织形象的因素，恢复公众对组织的信任

同步练习

1. 【2017年4月·多选】集团头脑风暴的形式包括（　　）。

   A. 直接头脑风暴法　　　　　　B. 间接头脑风暴法

   C. 质疑头脑风暴法　　　　　　D. 确信头脑风暴法

   E. 交互头脑风暴法

   【答案】AC（第153页）

2. 【2017年4月·单选】运用最多最广泛的公关活动是（　　）。

   A. 宣传型公关　　　　　　　　B. 交际型公关

   C. 服务型公关　　　　　　　　D. 征询型公关

   【答案】B（第154页）

考点三　公共关系策划书（第158～159页）

【单选】公共关系策划书是公共关系策划的书面方案。公共关系策划的理性创造至此告一段落，公共关系策划进入实践验证阶段，策划书是这两个阶段的中介点。

【论述】试述公共关系策划书的构成要素。

一般来说，一份完整的公共关系策划书应当具备5W、2H、1E，即：

(1) What（什么）——策划的目的、内容。

(2) Who（谁）——策划组织者、策划人、策划所涉及的公众。

（3）Where（何处）——策划实施地点。

（4）When（何时）——策划实施时机。

（5）Why（为什么）——策划的缘由。

（6）How（如何）——策划的方法和实施形式。

（7）How much（多少）——策划的预算。

（8）Effect（效果）——策划结果的预测。

考点讲解

【多选/论述】试述公共关系策划书的基本格式。

（1）封面。（2）目录。（3）内容提要。（4）前言。包括策划动机、过程简介、活动意义等。（5）环境分析。组织状况及必要性分析、实施公共关系活动的原因、关键点。（6）确立目标。确立提升组织形象地位或促进销售等目标。（7）确定公众。（8）公共关系活动主题及宣传口号。（9）实施详案。包括：活动方法、媒介选择、人员安排、活动日程、效果检测、经费预算等。（10）必要说明。包括：实施重点的说明、公共关系难点提示、公共关系参考资料等。

【单选】策划书的主体部分：实施详案。

章节训练

一、单项选择题

1. 公共关系策划的生命力在于其（　　）。

　　A. 创造性　　　　　　　　　　B. 程序性

　　C. 时机性　　　　　　　　　　D. 灵活性

2. 企业经营管理决策的依据是（　　）。

　　A. 公共关系危机管理　　　　　B. 公共关系传播

　　C. 公共关系策划　　　　　　　D. 公共关系专题活动

3. "人的一切行为，都是为了利益的获取。"这句话出自（　　）。

　　A. 马克思　　　　　　　　　　B. 恩格斯

　　C. 列宁　　　　　　　　　　　D. 毛泽东

4. 公关策划的最后一步是（　　）。

　　A. 确定目标　　　　　　　　　B. 审定方案

　　C. 编制预算　　　　　　　　　D. 设计主题

5. 直接头脑风暴法的提出者是（　　）。
   A. 奥斯本　　　　　　　　　　B. 西蒙
   C. 泰罗　　　　　　　　　　　D. 弗鲁姆

6. 展销会属于（　　）。
   A. 征询型公共关系　　　　　　B. 社会活动型公共关系
   C. 宣传型公共关系　　　　　　D. 交际型公共关系

二、多项选择题

1. 按公关活动的作用，可将公关目标划分为（　　）。
   A. 长期目标　　　　　　　　　B. 进攻型目标
   C. 近期目标　　　　　　　　　D. 防守型目标
   E. 特殊目标

2. 公共关系基本费用包括（　　）。
   A. 人工报酬　　　　　　　　　B. 办公费用
   C. 专项资料费用　　　　　　　D. 专项器材费用
   E. 广告宣传费用

3. 依据专家人数，专家策划法一般分为（　　）。
   A. 个人判断策划法　　　　　　B. 集团头脑风暴法
   C. 集体判断策划法　　　　　　D. 创意判断法
   E. 创意策划法

4. 社会活动型公共关系的特点有（　　）。
   A. 社会参与面广　　　　　　　B. 与公众接触面大
   C. 社会影响力强　　　　　　　D. 形象投资费用高
   E. 提高知名度

5. 根据公关活动的行为方式，可将公关活动划分为（　　）。
   A. 建设型公关　　　　　　　　B. 维系型公关
   C. 进攻型公关　　　　　　　　D. 防御型公关
   E. 矫正型公关

6. 公共关系策划书的基本格式包括（　　）。
   A. 封面　　　　　　　　　　　B. 目录
   C. 内容提要　　　　　　　　　D. 环境分析
   E. 必要说明

三、简答题

1. 简述公共关系策划的作用。
2. 简述弗兰克·杰夫金斯提出的公共关系策划工作法的具体内容。
3. 简述公关活动业务方式。

四、论述题

试述公共关系策划的原则。

参考答案及解析

一、单项选择题

1.【答案】A（第 143 页）

【解析】创造性是公共关系策划的生命力。

2.【答案】C（第 144 页）

【解析】公共关系策划是企业经营管理决策的依据。

3.【答案】A（第 145 页）

【解析】马克思说过："人的一切行为，都是为了利益的获取。"

4.【答案】B（第 151 页）

【解析】策划的最后一步是审定方案，即对方案进行可行性论证。

5.【答案】A（第 153 页）

【解析】直接头脑风暴法又称畅谈会法或智力激励法。它由美国著名工程学家奥斯本于 1939 年首创。

6.【答案】C（第 154 页）

【解析】这种模式表现的形式很多，可以归类为两大类：一类是借助大众媒介来传播信息。如在报刊、电台、电视台上刊播新闻稿、专题通讯、经验介绍、记者专访、广告等，或举行记者招待会、新闻发布会、信息发布会，向大众媒介提供各种信息。另一类是由组织自己举办各种宣传活动，如展览会、展销会、经验技术交流会、演讲会、有奖竞赛、接待参观、印发宣传品、制作视听资料等。

二、多项选择题

1.【答案】BD（第 148 页）

【解析】公共关系目标按公共关系活动作用分为进攻型目标、防守型目标。

2.【答案】ABCD（第 150～151 页）

【解析】公共关系费用大致可分为基本费用和实际活动费用。基本费用包括人工报酬、办公费用、专项器材费用、专项资料费用等。实际活动费用包括招待费、广告宣传费、赞助费、举行大型纪念活动或庆典活动等各项经费开支。

3.【答案】AB（第 152 页）

【解析】专家策划法是借助于专家创造性逻辑思维提出意见，并进行综合分析的一种方法。依据专家人数，一般将专家策划法分为两大类：一类为个人判断策划法，也叫个人头脑风暴法；另一类则为集团头脑风暴法。

4.【答案】ABCDE（第 155 页）

【解析】社会活动型公共关系的特点是社会参与面广，与公众接触面大，社会影响力强，形象投资费用也高，能同时有效地提高知名度和美誉度。

5.【答案】ABCDE（第 156 页）

【解析】针对不同的组织环境和组织公共关系的具体状态可以采取不同的公共关系行为方式。（1）建设型公共关系。（2）维系型公共关系。（3）进攻型公共关系。（4）防御型公共关系。（5）矫正型公共关系。

6.【答案】ABCDE（第 158～159 页）

【解析】下面列出的只是公共关系策划书的常见格式。（1）封面。（2）目录。（3）内容提要。（4）前言。（5）环境分析。（6）确立目标。（7）确定公众。（8）公共关系活动主题及宣传口号。（9）实施详案。（10）必要说明。

三、简答题

1.【答案】随着公共关系的发展，策划问题已经引起了企业和社会的高度重视。尤其是现代化的企业，如果没有高水平的公共关系策划，便没有企业的发展。策划是公共关系活动的先导。（1）公共关系策划是市场经济发展的客观要求。（2）公共关系策划是企业经营管理的重要任务。（3）公共关系策划是塑造组织形象的关键。（4）公共关系策划是公共关系活动成功的保证。（第 144～145 页）

2.【答案】目前，在公共关系活动中，被人们普遍接受并得到广泛运用的是英国著名公共关系专家弗兰克•杰夫金斯提出的策划公共关系工作方案的六点模式，亦称"六步工作法"。

这"六步"是：确立目标、设计主题、分析目标公众、选择媒介、编制预算、审定方案。（第147页）

3.【答案】根据公共关系工作的业务类型，可以将公共关系活动划分为以下五种方式：（1）宣传型公共关系。（2）交际型公共关系。（3）服务型公共关系。（4）社会活动型公共关系。（5）征询型公共关系。（第154～155页）

四、论述题

【答案】公共关系策划的原则是指在公共关系策划活动过程中所必须遵循的指导原则和行动准则。（1）利益性原则。马克思说过："人的一切行为，都是为了利益的获取。"（2）客观性原则。以客观事实为基础，遵守客观性原则，不隐瞒歪曲事实真相。（3）系统性原则。从整体出发，考虑问题全面、周到。（4）可行性原则。策划方案可被实施并能取得科学有效的效果。（5）灵活性原则。具有相应的弹性及灵活性，以应付复杂多变的环境。（第145～147页）

第七章 新闻、广告与整合营销传播

◆ 知识框架

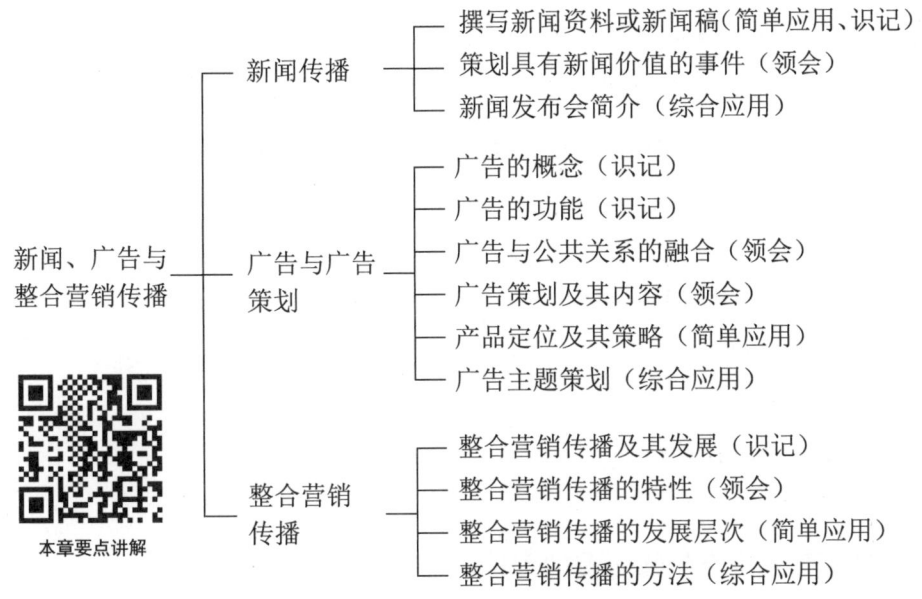

本章要点讲解

第一节 新闻传播

【单选】新闻必须是真实的，<u>真实是新闻的生命</u>。（第160页）

【多选/简答】组织进行新闻传播，通常使用3种方式：（1）<u>撰写新闻资料或新闻稿，送交新闻媒介单位进行发表</u>。（2）<u>策划具有新闻价值的事件，吸引新闻单位作报道</u>。（3）<u>召开新闻发布会，向新闻界公布有关情况</u>。（第160页）

考点一 撰写新闻资料或新闻稿（第160～162页）

【单选】<u>新闻资料</u>是提供报社、电台、电视台<u>编写新闻消息的文字资料</u>，它不直接同公众见面，要经过记者的加工。

【多选】新闻五要素（五个W）：<u>何时（When）、何地（Where）、何事（What）、何因（Why）、何人（Who）</u>，这是新闻中不可缺少的五个要素。

【单选/多选】<u>新闻稿</u>是直接提供报社、电台和电视台<u>对外发布</u>的文字材料，它的写作基本要求是：主题突出、简明扼要、生动活泼。

【多选】要写好新闻稿，应掌握以下三个要点：（1）新闻稿的结构。（2）导语的写作。（3）新闻背景材料的运用。

【单选／多选】常见的新闻稿结构有三种：倒金字塔结构、并列结构、顺时结构，其中最常见的是倒金字塔结构。

【多选】新闻稿采用倒金字塔结构有2个优点：（1）便于读者迅速获得最新最重要的信息。（2）便于编辑由下而上删改，而不会删掉最重要的信息。

【单选】新闻稿的结构都有导语和新闻事实这两部分内容，而导语是整篇新闻的灵魂。

> **同步练习**
>
> 【2016年4月·单选】最常见的新闻稿结构是（ ）。
> A. 正金字塔结构　　　　　　　B. 并列结构
> C. 顺时结构　　　　　　　　　D. 倒金字塔结构
> 【答案】D（第161页）

考点二　策划具有新闻价值的事件（第162页）

【论述】如何策划具有新闻价值的事件？

（1）策划具有新闻价值的事件也叫"制造新闻"或"策划新闻"，是组织争取新闻宣传机会的一种技巧。即在真实的、不损害公众利益的前提下，策划、举办具有新闻价值的事件或活动，吸引新闻界和公众的注意力，制造新闻热点，争取被报道的机会，使本组织成为新闻的主角，以达到提高知名度、扩大社会影响的目的。这需要公共关系人员具备"新闻脑"，富于创造性和想象力。

（2）使用制造新闻的方法要突出一个"新"字，公共关系人员应善于开动脑筋，充分发挥创造性和想象力，出奇制胜，方能奏效。当然，利用名人的声望和影响，创造名人效应，是常用不衰的制造新闻的办法。

考点三　新闻发布会简介（第163～164页）

【单选】新闻发布会是组织与公众沟通的例行方式，它是一种两级传播。

【多选】新闻发布会的功能：用于树立或维护组织形象、协调公共关系、引导舆论倾向。

【单选】发布新闻的原则：坚持实事求是，不可文过饰非，更不可歪曲事实。

【单选】新闻发布会一般都是在重大新闻事件发生后举行，否则就失去意义。

【多选/简答】新闻发布会具体应做以下几个环节的工作：（1）确定主题。（2）确定邀请对象。（3）会前准备。（4）主持会议。（5）收集反馈信息。

【多选】会前准备工作包括：印发请柬、布置会议场地、准备现场参观或实物、图片展览、编印文字材料等项。

【多选/简答】公共关系人员同新闻界协调关系的诀窍在于：（1）主动传递本组织信息，真诚坦率提供情况，维护本组织和新闻媒介的良好信誉。（2）尊重记者和新闻单位，为他们的工作提供方便，无论大报小报、名记者一般记者，都一视同仁，不能厚此薄彼。（3）指定专人负责，密切同新闻界人士的联系。

第二节　广告与广告策划

考点一　广告的概念（第 164～166 页）

（一）广告的定义

【单选】广告的定义：广告是由特定的广告主通常以付费的方式，运用说服的技巧，通过各种传播媒介对产品、服务或观念等信息的非个人的介绍及推广。

【简答】广告定义的具体内涵。

（1）广告由特定的广告主所发布。

（2）广告是非个人的传播。

（3）广告通常需要支付一定的费用。

（4）广告要传达某些信息。

（5）广告要运用说服的技巧。

（6）广告传播可以通过各种各样的媒介来传播。

（二）广告活动的构成要素

【单选/多选】对一项具体的广告活动来讲，其主要构成要素：广告主、广告代理商、广告信息、广告媒介、广告受众等。

【单选】从传播与沟通的角度来看，广告主是广告信息的"信源"。

【单选】在广告主与广告媒介之间，广告代理商扮演着沟通桥梁的角色。

【单选】广告代理商是广告信息的"加工者""传达者"。

【单选】广告媒介是联结广告主与广告受众的纽带，是广告信息得以传播的工具。

【单选】从传播与沟通的角度来看，广告媒介是广告信息的"信道"。

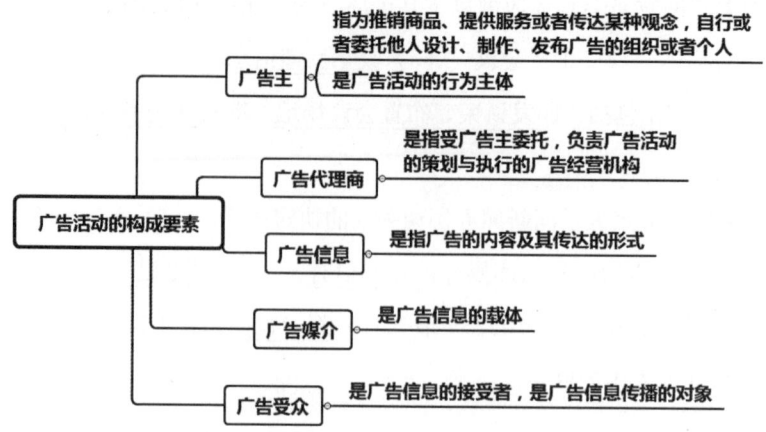

【多选】广告受众可以是广告主所要推广产品的消费者，可以是广告主的服务对象，也可以是广告所要传达观念的接受者。

【单选】若从传播与沟通的角度来看，广告受众是广告信息的"信宿"。

同步练习

【2016年4月·单选】广告活动构成要素中的"信道"是指（　　）。

A. 广告受众 　　　　　　　　B. 广告主

C. 广告代理商　　　　　　　　D. 广告媒介

【答案】D（第166页）

考点二　广告的功能（第166～167页）

【单选】广告的直接功能：商业功能（服务市场营销）。间接功能：文化功能（传播组织文化）。

【多选／简答】简述广告的商业功能。

广告的商业功能有以下几点：

（1）沟通产销，刺激需求。

（2）扩大销售，加速流通。

（3）鼓励竞争，活跃经济。

考点讲解

【多选／简答】简述广告的文化功能。

作为一种独特的文化传播形式，广告传播功能带来的广告传播效果有由浅入深的3个层次：（1）认知（感知和理解）层次。（2）情感体验（喜爱和偏好）层次。（3）行为（尝试和购买）层次。

考点三 广告与公共关系的融合（第 167～168 页）

【简答】 简述广告与公共关系的联系。

从企业对外传播的角度来看，广告与公共关系的联系是十分紧密的。表现为以下四个方面：（1）都以企业的市场营销战略为<u>依据</u>。（2）都以目标公众为<u>对象</u>。（3）都以传播信息为<u>手段</u>。（4）都以形象的塑造为<u>使命</u>。

> **记忆技巧**
>
> 关键词组句记忆法："**依据对象**的**手段**，完成**形象塑造**的**使命**。"

考点四 广告策划及其内容（第 168 页）

【单选】 <u>广告策划</u>：就是对公司广告运作的全过程作预先的考虑与设想，是对公司广告的整体战略与策略的运筹与规划。

【单选/多选/简答】 简述广告策划的内容。

一项较完整的广告策划，一般包括五个方面的内容：（1）<u>市场调查</u>。（2）<u>广告定位</u>。（3）<u>广告创意</u>。（4）<u>广告媒介安排</u>。（5）<u>广告效果测定</u>。

> **记忆技巧**
>
> 关键字串联记忆法："调位意安定。"

【单选】 <u>市场调查</u>是进行广告策划的<u>基础</u>。

【单选】 <u>广告创意</u>是决定广告策划成败的<u>关键</u>。创意是广告策划的中心环节。

考点五 产品定位及其策略（第 169～172 页）

【单选】 公司的<u>产品定位</u>是广告诉求的基点。

【简答】 简述产品定位的客观依据。

产品定位的客观依据有以下几点：（1）关于<u>产品</u>的调查研究。（2）关于<u>消费者</u>的调查研究。（3）关于<u>市场情况</u>的调查研究。（4）关于<u>竞争对手</u>的调查研究。（5）关于<u>传播媒体</u>的调查研究。（6）关于<u>流通领域情况</u>的调查研究。

考点讲解

> **记忆技巧**
>
> 关键词组句记忆法：
>
> "依据**消费者**使用**产品市场情况**的调查，同时对**竞争对手**在**流通领域**使用**传播媒体**的研究。"

【多选／简答】产品定位的策略类型。

产品定位的策略大致分为以下 3 种类型：（1）市场<u>领导者</u>的定位策略。（2）市场<u>跟进者</u>的定位策略。（3）市场<u>挑战者</u>为其竞争对手重新定位的策略。

【单选】市场领导者定位的战略思想：<u>先入为主</u>的原则。

【论述】市场领导者的定位策略。

（1）不能用自己的话来建立一个领导地位，而必须用消费者的客观评价来建立，自吹自擂一定会引起消费者的反感。

（2）持续强化公司最初的产品概念及经营理念，并充分利用这个最初概念或理念所创造的"先入为主"的优势。

（3）必须克服自满倾向，密切注视同行业竞争者每一样新产品的发展。

（4）领导者的定位策略一旦实现，千万不能以为这样便可以一劳永逸，必须意识到这只是定位计划的开始，要不断地巩固这种定位。

（5）处于市场领导者地位的公司和品牌，要善于用自己的力量（财力和物力）抑制竞争对手而确保自己的领导者地位。

（6）领导者的内在力量来源于自己的产品，而不是组织。

（7）领导者应该有众多的著名的产品和品牌，并使每一个品牌都能在消费者心中定在一个好的、有利的位置上。

【单选】<u>市场跟进者</u>的定位思想：在消费者心目中<u>寻找一块空隙</u>，然后迅速<u>加以补充</u>。

【简答／论述】简述市场跟进者的定位策略。

（1）在消费者心目中强化自己的特点。

（2）寻找为消费者所重视的、尚未被市场领导者占领的定位。

（3）退出竞争性定位，寻找新的定位。

（4）通过进入"高级俱乐部"的策略来提高自己的定位。

【单选】<u>市场挑战者</u>的定位思想：为竞争对手重新定位。

【多选】市场挑战者为其竞争对手重新定位的策略的特点：（1）<u>否定性</u>。（2）<u>强制性</u>。（3）<u>突然性</u>。

考点六 广告主题策划（第173～176页）

【单选/多选】广告主题的3个要素：广告目标、信息个性和消费心理。用公式表示，即：广告主题＝广告目标＋信息个性＋消费心理。

【多选】确定广告主题的题材：（1）健康。（2）食欲。（3）安全。（4）美感。（5）时尚。（6）爱情。（7）荣誉。（8）母爱。（9）地位。（10）社交。（11）快乐。（12）效能。（13）方便。（14）保证。（15）经济。

【单选】某些主题的题材，运用得好能产生很好的移情共鸣作用。儿童用品、食品、玩具、衣物等广告均可选择母爱作为主题题材。

【单选】效能是广告运用最广泛的题材。

【多选/简答】确定广告主题应注意的事项：（1）引人注目。（2）浅显易懂。（3）整体统一。（4）独特个性。

【多选】在确定广告主题的过程中，要尽可能避免如下一些情况：（1）泛化。（2）分散。（3）共享。

同步练习

【2018年10月·单选】广告目标、信息个性与消费心理三者共同构成了（　　）。

A. 广告媒介　　　　　　　　B. 广告信息

C. 广告效果　　　　　　　　D. 广告主题

【答案】D（第173页）

第三节　整合营销传播

考点一 整合营销传播及其发展（第176～177页）

【单选】整合营销传播（Integrated Marketing Communications，简称IMC）又称统合营销传播。有人称它为新广告（new advertising），是近年出现的营销广告新概念，其核心思想是将与公司进行市场营销有关的一切传播活动一元化。

【单选】从海外广告的发展历史来看，已经经过广告分离期、全面服务期、传播分离期，进入一个全新的阶段——整合营销传播期。

考点二　整合营销传播的特性（第 177 页）

【单选/多选】整合营销传播有 2 个明显特性：（1）战术连续性。（2）战略导向性。

【单选】战术连续性是指所有通过不同营销传播工具在不同媒体传播的信息都应彼此关联呼应。

【单选】战略导向性是指营销传播的设计要服从公司战略目标的需要。

考点三　整合营销传播的发展层次（第 177～178 页）

【多选/简答】整合营销传播在不同的发展阶段有不同的形式表现，主要有以下几个层次：（1）认知的整合。（2）形象的整合。（3）功能的整合。（4）协调的整合。（5）基于消费者的整合。（6）基于风险共担者的整合。（7）关系管理的整合。

【单选】认知的整合是整合营销传播最基础的形式。

【单选】第 7 个层次是关系管理的整合，它被认为是整合营销的最高阶段。

同步练习

【2018 年 10 月·单选/2014 年 4 月·单选】整合营销传播最基础的形式是（　　）。

A. 关系管理的整合　　　　　　　　B. 功能的整合
C. 认知的整合　　　　　　　　　　D. 形象的整合

【答案】C（第 178 页）

考点四　整合营销传播的方法（第 178～179 页）

【多选/简答】整合营销传播的方法（5 个）。

整合营销传播方案的实施有五种方法供参考：（1）同一外观法。（2）主题线方法。（3）供应面的策划方法。（4）特设会议的方法。（5）基于消费者的方法。

记忆技巧

关键字串联记忆法："一线应设消。"

【单选】同一外观法：在营销传播的所有形式中采用同一的颜色、图案及识别符号的方法。

【单选】主题线方法：使用非广告的传播形式提示消费者进行广告回忆，以提高消费者对广告信息的记忆质量。

【单选】供应面的策划方法：提供一套营销传播服务的系统。例如，某家广告代理公司可能承包了当地有线电视台、广播电台以及一家地方报纸的广告业务，它能提供"配套广告服务"，它允许当地的广告主可以在有线电视、广播电台以及地方报纸上同时投放广告。

【单选】特设会议的方法：许多营销人员尝试整合其营销传播方案的不同要素，办法就是把有关部门召集来开一个"特设会议"。

【简答】基于消费者的方法的步骤。

第一步是建立消费者和潜在消费者的资料库。

第二步是要尽可能使用消费者及潜在消费者的行为方面的资料，作为市场划分的依据。

第三步是"接触管理"，即决定在何时何地以及如何与消费者进行接触，同时接触的方式也决定了要和消费者沟通什么诉求主题。

第四步是"发展传播沟通策略"，即在什么样的背景环境之下，该传达何种讯息。

第五步是选择有助于达成营销目标的传播手段（最后一个步骤）。

同步练习

1. 【2018年10月·多选/2016年10月·多选】整合营销传播的方法包括（　　）。

   A. 同一外观法　　　　　　　　B. 主题线法

   C. 供应面策划法　　　　　　　D. 特设会议法

   E. 基于消费者法

   【答案】ABCDE（第178～179页）

2. 【2018年4月·单选】广告代理公司为企业提供一套营销传播服务系统的整合营销传播的方法是（　　）。

   A. 同一外观法　　　　　　　　B. 主题线方法

   C. 供应面的策划方法　　　　　D. 特设会议的方法

   【答案】C（第179页）

章节训练

一、单项选择题

1. 新闻稿的灵魂是（　　）。

   A. 事实　　　　　　　　　　　B. 导语

   C. 结语　　　　　　　　　　　D. 标题

2. 广告活动的行为主体是（　　）。

　　A. 媒体　　　　　　　　　　　　B. 点子公司

　　C. 广告代理商　　　　　　　　　D. 广告主

3. 广告策划的基础是（　　）。

　　A. 市场调查　　　　　　　　　　B. 广告定位

　　C. 广告创意　　　　　　　　　　D. 广告媒介选择

4. 决定广告策划成败的关键是（　　）。

　　A. 广告效果测定　　　　　　　　B. 市场调查

　　C. 广告媒介安排　　　　　　　　D. 广告创意

5. 儿童玩具应选择的广告主题题材是（　　）。

　　A. 食欲　　　　　　　　　　　　B. 地位

　　C. 爱情　　　　　　　　　　　　D. 母爱

6. 将与公司进行市场营销有关的一切传播活动一元化的过程是（　　）。

　　A. 整合营销传播　　　　　　　　B. 主题创意传播

　　C. 共享传播　　　　　　　　　　D. 泛化传播

7. 从海外广告的发展历史来看，广告已进入一个全新的阶段，即（　　）。

　　A. 广告分离期　　　　　　　　　B. 整合传播期

　　C. 传播分离期　　　　　　　　　D. 全面服务期

8. 整合营销传播的明显特征是（　　）。

　　A. 战术连续性　　　　　　　　　B. 战术连续性与战略导向性相结合

　　C. 战略导向性　　　　　　　　　D. 战术连续性与战略导向性相分离

9. 整合营销的最高阶段是（　　）。

　　A. 基于消费者的整合　　　　　　B. 协调的整合

　　C. 形象的整合　　　　　　　　　D. 关系管理的整合

10. 在营销传播的所有形式中采用同一的颜色、图案及识别符号的方法是（　　）。

　　A. 同一外观法　　　　　　　　　B. 主题线法

　　C. 供应面策划法　　　　　　　　D. 特设会议法

11. 使用非广告的传播形式提示消费者进行广告回忆，以提高消费者对广告信息的记忆质量，这一整合营销传播的方法是（　　）。

　　A. 同一外观法　　　　　　　　　B. 主题线方法

C. 供应面的策划方法 D. 特设会议的方法

二、多项选择题

1. 写作新闻稿的基本要求包括（　　　）。

   A. 旁征博引 B. 主题突出

   C. 简明扼要 D. 生动活泼

   E. 想象丰富

2. 新闻发布会的工作环节包括（　　　）。

   A. 确定主题 B. 确定邀请对象

   C. 会前准备 D. 主持会议

   E. 收集反馈信息

3. 广告活动的构成要素有（　　　）。

   A. 广告主 B. 广告代理商

   C. 广告信息 D. 广告媒介

   E. 广告受众

4. 确定广告主题应注意的事项包括（　　　）。

   A. 引人注目 B. 浅显易懂

   C. 整体统一 D. 独特个性

   E. 高深莫测

5. 确定广告主题应避免的事项有（　　　）。

   A. 主题分散 B. 主题共享

   C. 整体统一 D. 独特个性

   E. 主题泛化

三、简答题

1. 简述广告的商业功能。
2. 简述广告与公共关系的联系。
3. 简述广告策划的内容。
4. 简述产品定位的客观依据。

参考答案及解析

一、单项选择题

1.【答案】B（第161页）

【解析】新闻稿的结构并不难以掌握，无论哪一种结构，都有导语和新闻事实这两部分内容，而导语是整篇新闻的灵魂，是抓住读者注意力的精华所在。导语写好了，新闻稿也就基本成功了。

2.【答案】D（第165页）

【解析】广告主是广告活动的行为主体。

3.【答案】A（第168页）

【解析】市场调查是进行广告策划的基础。

4.【答案】D（第168页）

【解析】广告创意是决定广告策划成败的关键。

5.【答案】D（第175页）

【解析】某些主题的题材，运用得好能产生很好的移情共鸣作用。儿童用品、食品、玩具、衣物等广告均可选择母爱作为主题题材。

6.【答案】A（第176页）

【解析】整合营销传播其核心思想是将与公司进行市场营销有关的一切传播活动一元化。

7.【答案】B（第177页）

【解析】从海外广告的发展历史来看，已经经过广告分离期、广告全面服务期、传播分离期，进入一个全新的阶段——整合营销传播期。

8.【答案】B（第177页）

【解析】整合营销传播有两个明显特性：一是战术连续性，二是战略导向性。

9.【答案】D（第178页）

【解析】第七个层次是关系管理的整合，它被认为是整合营销的最高阶段。

10.【答案】A（第178～179页）

【解析】让营销人员认识和明了整合营销传播的"同一外观"的概念。如在营销传播所有形式中采用同一的颜色、图案及识别符号。

11.【答案】B（第179页）

【解析】主题线方法要点是使用非广告的传播形式提示消费者进行广告回忆，以提高消费者对广告信息的记忆质量。

二、多项选择题

1.【答案】BCD（第160页）

【解析】新闻稿的写作基本要求是：主题突出、简明扼要、生动活泼。

2.【答案】ABCDE（第163～164页）

【解析】新闻发布会具体应做以下几个环节的工作：（1）确定主题。（2）确定邀请对象。（3）会前准备。（4）主持会议。（5）收集反馈信息。

3.【答案】ABCDE（第165～166页）

【解析】广告活动的主要构成要素有广告主、广告代理商、广告信息、广告媒介、广告受众等。

4.【答案】ABCD（第176页）

【解析】确定广告主题应注意的事项：（1）引人注目。（2）浅显易懂。（3）整体统一。（4）独特个性。

5.【答案】ABE（第176页）

【解析】在确定广告主题的过程中，要尽可能避免如下一些情况：（1）泛化。（2）分散。（3）共享。

三、简答题

1.【答案】具体来讲，广告的商业功能有以下几点：（1）沟通产销，刺激需求。（2）扩大销售，加速流通。（3）鼓励竞争，活跃经济。（第166页）

2.【答案】从企业对外传播的角度来看，广告与公共关系的联系是十分紧密的。表现为以下四个方面：（1）都以企业的市场营销战略为依据。（2）都以目标公众为对象。（3）都以传播信息为手段。（4）都以形象的塑造为使命。（第168页）

3.【答案】一项较完整的广告策划，一般包括五个方面的内容：（1）市场调查。（2）广告定位。（3）广告创意。（4）广告媒介安排。（5）广告效果测定。（第168页）

4.【答案】产品定位的客观依据有以下几点：（1）关于产品的调查研究。（2）关于消费者的调查研究。（3）关于市场情况的调查研究。（4）关于竞争对手的调查研究。（5）关于传播媒体的调查研究。（6）关于流通领域情况的调查研究。（第169页）

第八章　公共关系专题活动

◆ 知识框架

公共关系专题活动
├─ 展览活动
│   ├─ 展览会的类型（识记）
│   ├─ 展览会的特点（领会）
│   └─ 举办展览会应做的工作（简单应用）
├─ 庆典活动（5种）（识记、领会）
│   ├─ 开幕（开业）庆典（简单应用）
│   ├─ 周年庆典（简单应用）
│   ├─ 乔迁庆典（简单应用）
│   ├─ 重大成果庆典（综合应用）
│   └─ 受到特殊嘉奖庆典（综合应用）
├─ 赞助活动（综合应用）
│   ├─ 赞助的作用（领会）
│   ├─ 赞助活动的种类（识记）
│   └─ 赞助活动的实施步骤（简单应用）
└─ 对外开放参观（8项）（识记、综合应用）
     ├─ 目的（领会）
     ├─ 规模（领会）
     ├─ 时间（领会）
     ├─ 人员（领会）
     ├─ 准备宣传材料（简单应用）
     ├─ 选择参观线路（简单应用）
     ├─ 做好解说和接待工作（简单应用）
     └─ 对参观者一视同仁

本章要点讲解

第一节　展览活动

考点一　展览会的类型（第180～181页）

【简答】按照不同的标准，展览会可分为不同的类型：（1）宣传展览会和贸易展览会。（2）室内展览会和露天展览会。（3）单一商品展览会和混合商品展览会。（4）大型综合展览会、中型展览会、小型展览会和袖珍展览。

【单选/多选】展览会的类型：

划分标准	类型	内容
展览会的**性质**	宣传展览会	目的：宣传某种思想观点或某一成果，或揭露某种骗局
	贸易展览会	目的：开拓商品市场，以展促销
举办展览的场地	室内展览会	特点：显得隆重，不受天气影响，举办时间可以延长。布置较为复杂，所需费用也较大
		较为精致、贵重的物品在室内展览
	露天展览会	最大的特点：布置工作较简单，但受气候条件限制，时间不宜过长
		农副产品（如各色花卉）等则多在露天展览
展出商品的**种类**	单一商品展览会	又称纵向展览会，是指展出的商品品种的单一性，如"世界汽车博览会""自行车展览会"等
	混合商品展览会	又称横向展览会，这种展览会展出的商品种类多，参加厂家也来自不同的行业，如一年两次在广州举办的中国商品交易会（广交会）即属此类
展览的**规模**	大型的综合展览	通常由专门的单位举办，规模大、参展项目多，如国际博览会、全国性展览会等
	中型展览会	如各行业、各省区的展览会
	小型展览会	一般由企业自办，如各企业、公司独家举办的展览会
	袖珍展览	如橱窗陈列展览和流动车展览等

【单选】展览会<u>最正规、最庄重</u>的形式是<u>博览会</u>。

【单选】当今最著名的大型国际博览会有<u>意大利米兰博览会、德国莱比锡博览会、巴黎国际博览会</u>等。

同步练习

1.【2018年10月·单选】横向展览会指的是（　　）。

　　A. 混合商品展览会　　　　　　B. 室内展览会

　　C. 单一商品展览会　　　　　　D. 露天展览会

　　【答案】A（第180页）

2.【2018年10月·单选】国际博览会属于（　　）。

　　A. 大型综合展览会　　　　　　B. 中型展览会

　　C. 小型展览会　　　　　　　　D. 袖珍展览会

　　【答案】A（第181页）

考点二 展览会的特点（第181页）

【多选／简答】展览会的特点：

序号	特点	内容
1	传播媒介的**多样性**	展览会采用的传播媒介包括<u>声音媒介</u>，如讲解和交谈；<u>文字媒介</u>，如介绍材料；<u>图像媒介</u>，如各种照片
2	传播方式的**直观性**	一般以展出实物为主，又有专人当场进行示范、讲解，形象生动
3	双向沟通的**直接性**	能给组织提供与公众直接进行双向沟通的机会。参展单位可以让公众了解自己的同时，也在了解公众，能即刻了解公众对传播意见的反应
4	传播过程的**高效性**	是一种高度集中和高效率的沟通方式；成为新闻报道的题材，对公众的影响效果很大

考点三 举办展览会应做的工作（第181～182页）

【论述／案例分析】哈尔滨，一个名副其实的"啤酒之城"。啤酒赋予这座城市灵性与豪气，彰显这座城市的魅力与个性。一百多年的城市历史伴随着百年的啤酒文化氛围，打造出城市的节日——中国·哈尔滨国际啤酒节。该啤酒节于每年七月份在哈尔滨举行。某啤酒公司连续几年都派出相关人员及产品参加该啤酒节，但并未取得理想的效果。

如果你是该公司的公关人员，应该如何做才能在该啤酒节展览会上取得理想的效果？

举办展览会应做的具体工作如下：

（1）<u>准备阶段</u>：第一，先要搞清楚展览会的<u>目的、主题和类型</u>；第二，充分做好本企业展台传播内容的<u>准备工作</u>；第三，<u>邀请参观者</u>，要采用不同方式发出请柬，并同时告知展览会的主题、类型、要求、时间、地点等；第四，要向新闻机构采取合适的形式发布消息，<u>提供充足的新闻稿和资料</u>，通过广播、电视的宣传在展览会开始之前充分做好宣传，吸引更多的参观者；第五，<u>准备好业务洽谈处</u>、组织好工作人员等；第六，对展览会的各项<u>费用</u>，要仔细<u>预算</u>，并报上级有关部门批准。

（2）<u>展览会期间</u>：第一，要<u>安排好接待工作</u>，要强调工作人员尊重参观者；第二，<u>加强新闻发布工作</u>，搜集参观者所反馈的信息，除了迅速向新闻媒介提供外，最好每天出版简报，及时发放。

（3）<u>展览会结束后</u>：第一，要搜集编印新闻媒介对展览会全过程的<u>各种报道资料</u>；第二，对展览会<u>效果</u>进行<u>测定</u>，目的也是总结经验，找出问题。

【多选】展览会效果测定手段：拟出知识测验题，以有奖问答方式吸引参观者回答；设置留言簿或召开座谈会，对参观者进行追踪调查等。

第二节　庆典活动

【单选/多选/简答】庆典活动是指企业主办的各种庆贺典礼型专题活动。一般有开幕（开业）庆典，周年庆典，乔迁庆典，重大成果庆典，受到特殊嘉奖庆典等。（第 182 页）

考点一　开幕（开业）庆典（第 182～183 页）

【单选】定义：开幕（开业）庆典是指企业开业、博览会、交易会、重要工程竣工或奠基等大型活动的第一天举行的庆贺仪式。

【简答/案例分析】 分析如何使开幕式取得圆满成功？

开幕（开业）典礼形式并不复杂，但要办得热烈隆重，丰富多彩。开幕（开业）典礼的一般程序及工作要求有以下几点。

（1）开幕（开业）典礼前。

① 在典礼前一星期左右要对出席典礼的宾客、新闻记者发出邀请，对重要人物是否出席要逐一落实。② 要写好热情庄重的发言稿。③ 拟定好开幕（开业）典礼的程序。④ 安排好工作人员，如：接待人员、来宾引导、会场保安等，布置好场地环境，准备好典礼所需的设备和物品等。

（2）开幕（开业）典礼的一般程序。

① 主持人宣布典礼开始，奏国歌或奏乐等。② 介绍来宾。由企业内地位较高的人员或主持人介绍来宾。③ 剪彩、题词等。一般由来宾中地位或名望较高的人担任。④ 有关领导和来宾致辞。这是典礼的主要内容。⑤ 安排其他助兴节目。如文艺演出、舞会、电影等。

（3）开幕（开业）典礼仪式后。

安排来宾参观、座谈、题词、留言、合影等，最后做好来宾送别工作。

考点二　周年庆典（第 183～184 页）

【单选】定义：周年庆典即指开业一周年、三周年、十周年、五十周年等纪念。周年庆典有利于加深企业在公众心目中的形象，是企业前进的加油站。

【单选】庆典活动与众不同追求 3 个字：新、奇、特。

考点三　乔迁庆典（第 184 页）

【单选】定义：乔迁庆典是指企业因某种原因迁往新址，可举行声势浩大的庆祝活动，这样一来可将搬迁的信息传达给公众，尽量减少因搬迁给企业带来的不利影响；二来可以扩大对企业的宣传。

考点四　重大成果庆典（第 185 页）

【单选】比如：某银行存款突破亿元大关，某产品全国销量第一，某产品全国抽查合格率全国第一等，都是值得庆贺的成果。

> **同步练习**
>
> 【2018 年 10 月·单选】某银行举办存款突破亿元大关的庆祝活动，该活动属于（　　　）。
>
> A. 开幕庆典　　　　　　　　B. 周年庆典
>
> C. 重大成果庆典　　　　　　D. 特殊嘉奖庆典
>
> 【答案】C（第 185 页）

习题讲解

考点五　受到特殊嘉奖庆典（第 185 页）

【单选】当企业被上级政府部门授予某某称号，参加国际博览会荣获金奖等，要举办的庆祝活动，属于受到特殊嘉奖庆典。

第三节　赞助活动

【单选】赞助活动：是指企业对各种公益事业提供的资金、物力等方面的支持，是以社会服务形式进行的公共关系活动。（第 185 页）

考点一　赞助的作用（第 185 页）

【多选／简答／案例分析】赞助的作用：（1）表明自己承担社会责任。（2）培养与社会公众的良好感情。（3）通过赞助活动做广告。

【单选/简答】通过赞助做广告具有的2个特点：（1）提供赞助单位可在活动中垄断某种产品或服务的广告，使竞争产品无法在此活动中进行宣传，从而使本企业产品的影响力大增。（2）一些不能直接通过广告做宣传的产品可以通过赞助活动进行宣传，争取公众，如烟草经营企业等。

考点二　赞助活动的种类（第185～186页）

【单选/多选/案例分析】根据赞助的对象，赞助活动可以分为以下几种类型：

序号	类型	具体内容	
1	赞助体育活动	赞助对象：某项比赛、某个运动队、优秀运动员	赞助规模：地区性比赛、国内比赛、国际性比赛
2	赞助新闻出版、文化艺术事业	赞助对象：对文艺事业的赞助，对出版物的赞助，对影视节目或知识竞赛的赞助，提供优秀新闻奖	
3	赞助教育和科研事业	意义：（1）有助于教育科研事业的发展。（2）有助于提高企业热心教育科研事业的形象。（3）有助于密切与教育界及科研部门的关系，可获得知识的援助和优秀人才的录用	赞助形式：支持希望工程、赠送教学设备、提供教学场地、提供各种奖学金、助学金和科研基金等
4	赞助福利事业和受灾地区	福利事业都是为公众谋福利，通过赞助可大得人心，赢得公众好感，增进企业与公众的感情	赞助对象：养老院、福利院、卫生防疫机构、环保机构等
5	常见的赞助活动还有：赞助壮举和探险及赞助重大节日活动	赞助壮举和探险，有利于提高企业的知名度；赞助国防事业，如为部队战士提供文体娱乐设施，为营房开设某项服务等；赞助重大节日活动，为节日捐赠用品，支持节日工作人员	

【单选】赞助活动的最大特色是其"利他性"，因此深受社会大众的喜爱。

同步练习

1. 【2018年4月·多选/2014年10月·多选】赞助活动包括（　　）。
   A. 赞助体育活动　　　　　　　　B. 赞助新闻出版和文化艺术事业
   C. 赞助教育和科研事业　　　　　D. 赞助福利事业和受灾地区
   E. 赞助壮举
   【答案】ABCDE（第185～186页）

2. 【2017年10月·单选】企业支持希望工程的活动属于（　　）。
   A. 赞助文化事业　　　　　　　　B. 赞助教育事业
   C. 赞助福利事业　　　　　　　　D. 赞助艺术事业
   【答案】B（第186页）

考点三　赞助活动的实施步骤（第186～187页）

【多选/简答】赞助活动的实施步骤：(1)确定专人负责。(2)确定赞助政策。(3)进行前期研究。(4)测定、评估效果。

记忆技巧

关键字串联记忆法："负责　政策，研究　效果"。

第四节　对外开放参观

考点　对外开放参观（第187～189页）

【多选】对外开放参观主要有2种形式：(1)一年四季都向公众开放。(2)根据具体情况，选择某一日或某节日把公众请进来。

【论述】组织的对外开放参观，既是一种很好的公共关系活动，也是一项很繁杂的工作。因此，需认真研究以下的一些问题。

(1) 目的。

任何一次对外开放参观活动都应有明确的目的。

(2) 规模。

参观活动开展之前要确定规模的大小，从而做出相应的安排。一次接待15个人比较恰当。

考点讲解

(3) 时间。

不但要考虑开放参观的时间，也要考虑整个参观活动所需要的时间。开放参观的时间最好安排在一些特殊的日子，如周年纪念日、企业开工日、节日等。规模较大的开放参观活动需要3到6个月的准备时间。

(4) 人员。

从有开放参观的构想起一直到活动的结束，都应有高层主管人员参与其中。

(5) 准备宣传材料。

要想使开放参观获得成功，最重要的是做好各种宣传工作，准备一份简单易懂的说明书或宣传材料，发给参观者。

(6) 选择参观线路。

选择参观线路的主要要求是可以引起参观者的兴趣与保证他们的安全，并且对组织的正常工作持续干扰最少。

(7) 做好解说和接待工作。

对导游或解说人员事先要进行认真选择、培训和联系，使他们熟练掌握参观过程中每一个参观点的解说内容。

(8) 对参观者一视同仁。

组织要以真诚的态度对待每一位参观者，不论其地位高低，均应热情接待。

【单选】任何一次对外开放参观活动都应有明确的目的。

【多选】组织大型的参观活动，最好成立一个专门的活动筹备委员会。委员会成员应包括企业领导、公共关系人员、行政和人事部的人员等。如果参观的目的是强调服务或产品，还要请销售部门人员参加。

章节训练

一、单项选择题

1. 将展览会分为宣传展览会和贸易展览会的标准是（   ）。
   A. 展览会性质   B. 举办场地
   C. 商品种类   D. 举办规模

2. 横向展览会又称为（   ）。
   A. 混合商品展览会   B. 室内展览会
   C. 单一商品展览会   D. 露天展览会

3. 橱窗陈列展览属于（   ）。
   A. 大型展览会   B. 中型展览会
   C. 小型展览会   D. 袖珍展览

4. "巴黎国际博览会"属于（   ）。
   A. 大型综合展览会   B. 中型展览会
   C. 小型展览会   D. 袖珍展览

5. 某公司为庆祝其产品全国抽查合格率全国第一而举办的庆典活动属于（   ）。
   A. 开业庆典   B. 周年庆典
   C. 重大成果庆典   D. 受到特殊嘉奖庆典

6. 某企业为祝贺其被上级政府部门授予某某称号而举行的庆典活动属于（   ）。
   A. 周年庆典   B. 乔迁庆典
   C. 重大成果庆典   D. 受到特殊嘉奖庆典

7. 提供优秀新闻奖的活动属于（   ）。
   A. 新闻传播   B. 赞助文化事业
   C. 广告策划   D. 整合营销传播

8. 赞助活动深受社会大众喜欢的原因是其具有（   ）。
   A. "利他性"特色   B. "利己性"特色
   C. "娱乐性"特色   D. "教育性"特色

9. 企业为部队战士提供文体娱乐设施的活动属于（   ）。
   A. 展览活动   B. 庆典活动
   C. 赞助活动   D. 对外开放活动

二、多项选择题

1. 以展出商品的种类为标准,可将展览会划分为（   ）。

    A. 大型展览会　　　　　　　　B. 中型展览会

    C. 小型展览会　　　　　　　　D. 单一商品展览会

    E. 混合商品展览会

2. 根据展览会的规模可将展览会分为（   ）。

    A. 大型综合展览会　　　　　　B. 中型展览会

    C. 小型展览会　　　　　　　　D. 袖珍展览

    E. 露天展览会

3. 展览会的特点有（   ）。

    A. 传播媒介的多样性　　　　　B. 传播媒介的一元性

    C. 传播方式的直观性　　　　　D. 双向沟通的直接性

    E. 传播过程的高效性

4. 庆典活动的类型包括（   ）。

    A. 开业庆典　　　　　　　　　B. 周年庆典

    C. 乔迁庆典　　　　　　　　　D. 重大成果庆典

    E. 受到特殊嘉奖庆典

三、简答题

1. 简述展览会的特点。
2. 简述开幕（开业）典礼的一般程序。
3. 简述赞助活动的实施步骤。

四、论述题

1. 举办展览会应做好哪些准备工作？
2. 试述做好对外开放参观活动应完成的工作。

五、案例分析题

在北京申办第 24 届冬季奥林匹克运动会前夕，×××矿泉水企业打出广告:"从现在起，你每买一瓶×××矿泉水，你就为申奥贡献一分钱。"这就是该企业的"全民申奥一分钱"活动。通过此项活动，该企业年度销售量比上一年度增加 90%，在国内瓶装饮用水市场占有率也跃居到第一位。

运用所学公关知识分析该企业活动的性质并说明该类活动的作用。

参考答案及解析

一、单项选择题

1.【答案】A（第180页）

【解析】从展览会的性质看，有宣传展览会和贸易展览会。

2.【答案】A（第180页）

【解析】混合商品展览会又称横向展览会，这种展览会展出的商品种类多，参加厂家也来自不同的行业，如一年两次在广州举办的中国商品交易会即属此类。

3.【答案】D（第181页）

【解析】袖珍展览，如橱窗陈列展览和流动车展览等。

4.【答案】A（第181页）

【解析】在现代社会里，展览会变得日益重要，当今最著名的大型国际博览会有意大利米兰博览会、德国莱比锡博览会、巴黎国际博览会等。

5.【答案】C（第185页）

【解析】企业取得重大成就后，可通过举办某种形式的庆祝活动，将信息迅速传播给公众，从而进一步提高企业声誉，使公众进一步了解和评价企业，增加公众对企业的信任感。比如：某银行存款突破亿元大关，某产品全国销量第一，某产品全国抽查合格率全国第一等，都是值得庆贺的成果。

6.【答案】D（第185页）

【解析】当企业被上级政府部门授予某某称号，参加国际博览会荣获金奖等，要举办庆祝活动。这样的庆典活动属于受到特殊嘉奖庆典。

7.【答案】B（第186页）

【解析】赞助新闻出版、文化艺术事业中，在这方面，有对文艺事业的赞助，有对出版物的赞助，有对影视节目或知识竞赛的赞助，有的提供优秀新闻奖等。

8.【答案】A（第186页）

【解析】赞助活动的最大特色是其"利他性"，因此深受社会大众的喜爱。

9.【答案】C（第186页）

【解析】赞助国防事业，如为部队战士提供文体娱乐设施，为营房开设某项服务等。

二、多项选择题

1. 【答案】DE（第 180 页）

【解析】从展出商品的种类看，有单一商品展览会和混合商品展览会。

2. 【答案】ABCD（第 181 页）

【解析】从展览的规模看，有大型的综合展览会、中型展览会、小型展览会和袖珍展览。

3. 【答案】ACDE（第 181 页）

【解析】展览会的特点：传播媒介的多样性、传播方式的直观性、双向沟通的直接性、传播过程的高效性。

4. 【答案】ABCDE（第 182 页）

【解析】庆典活动是指企业主办的各种庆贺典礼型专题活动。一般有开幕（开业）庆典，周年庆典，乔迁庆典，重大成果庆典，受到特殊嘉奖庆典等。

三、简答题

1. 【答案】展览会的特点：（1）传播媒介的多样性。（2）传播方式的直观性。（3）双向沟通的直接性。（4）传播过程的高效性。（第 181 页）

2. 【答案】（1）主持人宣布典礼开始，奏国歌或奏乐等。（2）介绍来宾，由企业内地位较高的人员或主持人介绍来宾。（3）剪彩、题词等，一般由来宾中地位或名望较高的人担任。（4）有关领导和来宾致辞，这是典礼的主要内容。（5）安排其他助兴节目，如文艺演出、舞会、电影等。（第 183 页）

3. 【答案】（1）确定专人负责。（2）确定赞助政策。（3）进行前期研究。（4）测定、评估效果。（第 186～187 页）

四、论述题

1. 【答案】举办展览会应做的准备工作如下。

第一，先要搞清楚展览会的目的、主题和类型。

第二，充分做好本企业展台传播内容的准备工作。

第三，邀请参观者，要采用不同方式发出请柬，并同时告知展览会的主题、类型、要求、时间、地点等。

第四，要向新闻机构采取合适的形式发布消息，提供充足的新闻稿和资料，通过广播、电视的宣传在展览会开始之前充分做好宣传，吸引更多的参观者。

第五，准备好业务洽谈处、组织好工作人员等。

第六，对展览会的各项费用，要仔细预算，并报上级有关部门批准。（第 181～182 页）

2.【答案】组织的对外开放参观，既是一种很好的公共关系活动，也是一项很繁杂的工作。因此，需认真研究以下的一些问题。

(1) 目的。任何一次对外开放参观活动都应有明确的目的。

(2) 规模。参观活动开展之前要确定规模的大小，从而做出相应的安排。

(3) 时间。不但要考虑开放参观的时间，也要考虑整个参观活动所需要的时间。

(4) 人员。从有开放参观的构想起一直到活动的结束，都应有高层主管人员参与其中。

(5) 准备宣传材料。要想使开放参观获得成功，最重要的是做好各种宣传工作，准备一份简单易懂的说明书或宣传材料，发给参观者。

(6) 选择参观线路。选择参观线路的主要要求是可以引起参观者的兴趣与保证他们的安全，并且对组织的正常工作持续干扰最少。

(7) 做好解说和接待工作。对导游或解说人员事先要进行认真选择、培训和联系，使他们熟练掌握参观过程中每一个参观点的解说内容。

(8) 对参观者一视同仁。组织要以真诚的态度对待每一位参观者，不论其地位高低，均应热情接待。（第 187～189 页）

五、案例分析题

【答案】(1) 该活动属于赞助活动中的赞助体育活动。赞助活动是指企业对各种公益事业提供的资金、物力等方面的支持，是以社会服务形式进行的公共关系活动。现代企业，不但要营利，追求经济效益，同时，也要追求社会效益。只有获得好的社会效益，才会更有力地提高企业的经济效益。

(2) 赞助的作用：① 表明自己承担社会责任。对于×××矿泉水企业来说，北京申办第 24 届冬季奥林匹克运动会前夕，举办"全民申奥一分钱"活动，表明自己作为社会的一员，大力支持国家体育运动，乐于承担一定社会责任和义务。② 培养与社会公众的良好感情。×××矿泉水企业打出的广告中，给社会公众传递的一种信息是每买一瓶×××矿泉水，就为申奥贡献一分钱，同样的行为都是为社会做贡献，培养了与社会公众的良好感情。③ 通过赞助活动做广告。该案例表明，×××矿泉水企业通过此项活动，该企业年度销售量比上一年度增加 90%，在国内瓶装饮用水市场占有率也跃居到第一位。企业通过为社会提供的赞助服务做出的广告，给自己带来了最大社会经济效益和企业良好形象的树立。（第 185～186 页）

第九章　组织形象策划与 CIS 管理

◆ 知识框架

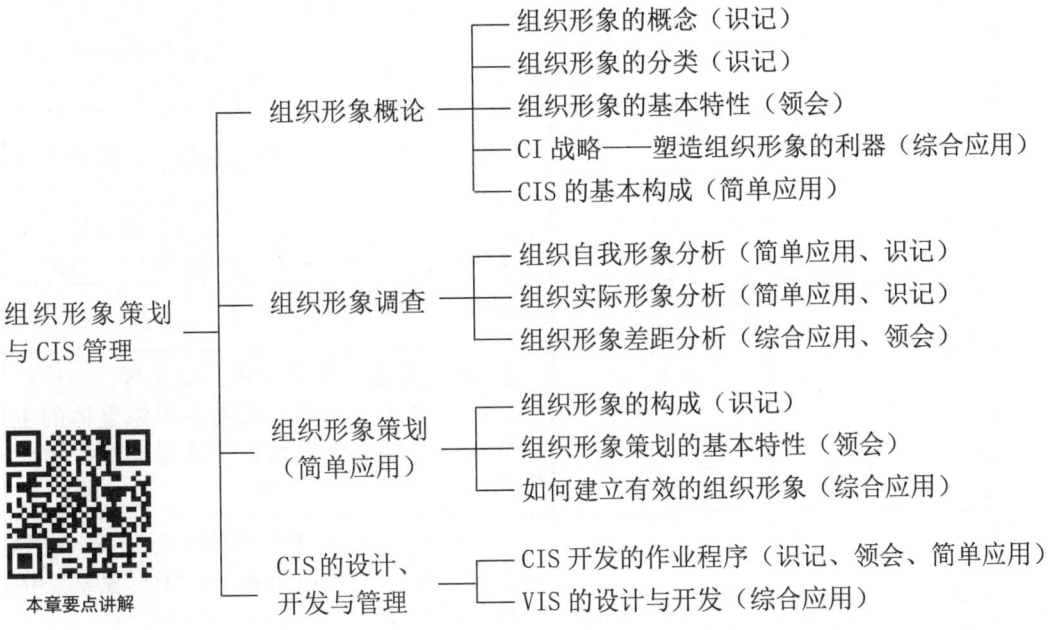

本章要点讲解

第一节　组织形象概论

考点一　组织形象的概念（第 190 页）

【单选】定义：组织形象是组织内外对组织的整体感觉、印象和认知，是组织状况的综合反映。"组织形象"一词是指组织的总体特征和实际表现在社会公众中获得的认知和评价。

【单选】组织形象的 3 个层次：公众印象、公众态度和公众舆论。

考点二　组织形象的分类（第 190～192 页）

【单选/多选】组织形象的分类方法很多，根据不同的分类标准，组织形象可以划分为以下几类：

序号	分类标准	类型	具体内容
1	以组织的内外在表现来划分	内在形象和外在形象	内在形象是组织形象的核心部分，外在形象是内在形象的外在表现
			（1）内在形象：主要指组织目标、组织哲学、组织精神、组织风气等看不见、摸不着的部分
			（2）外在形象：则是指组织的名称、商标、广告、厂房、厂歌、产品的外观和包装、典礼仪式、公开活动等看得见、听得到的部分
2	按照主客观属性来划分	实态形象和虚态形象	（1）实态形象：又可叫客观形象，指组织实际的观念、行为和物质形态，它是不以人的意志为转移的客观存在。实态形象包括：组织生产经营规模、产品和服务质量、市场占有情况、产值和利润等
			（2）虚态形象：则是用户、供应商、合作伙伴、内部员工等组织关系者对组织整体的主观印象，是实态形象通过传播媒体等渠道产生的印象
3	根据接受者的范围划分	内部形象和外部形象	（1）外部形象是员工以外的社会公众形成的对组织的认知。一般所说的组织形象就是指这种外部形象
			（2）内部形象则指该组织的全体员工对组织的整体感觉和认识
4	按照社会公众的评价态度不同来划分	正面形象与负面形象	（1）正面形象：社会公众对组织形象的认同或肯定的部分
			（2）负面形象：抵触或否定的部分
5	根据公众获取组织信息的媒介渠道来划分	直接形象和间接形象	（1）直接形象：公众直接接触某组织的产品和服务，亲身体验形成的组织形象
			（2）间接形象：通过大众传媒或借助他人的亲身体验得到的组织形象
6	根据公众对组织的形象因素的关注程度来划分	主导形象和辅助形象	公众最关注的组织形象因素构成主导形象，而其他一般因素构成辅助形象
			例如，电视机厂的主导形象：电视机的质量和价格。电视机厂的辅助形象：组织理念、员工素质、组织规模、厂区环境、是否赞助公益事业等

同步练习

1. 【2016年4月·多选】构成组织外在形象的要素有（　　）。

   A. 组织的目标　　　　　　　　B. 商标

   C. 广告　　　　　　　　　　　D. 产品的外观

   E. 典礼仪式

   【答案】BCDE（第191页）

2. 【2018年4月·单选】把组织形象划分为内部形象和外部形象的标准是（　　）。

   A. 主客观属性　　　　　　　　B. 接受者范围

   C. 社会公众评价态度　　　　　D. 获取信息媒介渠道

   【答案】B（第191页）

3. 【2018年10月·多选】根据公众获取组织信息的媒介渠道，可将组织形象划分为（　　）。

   A. 直接形象　　　　　　　　　B. 间接形象

   C. 内在形象　　　　　　　　　D. 外在形象

   E. 实态形象

   【答案】AB（第191页）

考点三　组织形象的基本特性（第192～193页）

【多选/简答】组织形象的基本特性：（1）<u>主客观二重性</u>。（2）<u>系统性</u>。（3）<u>动态性</u>。（4）<u>相对稳定性</u>。

【单选】组织形象从组织诞生之日起便开始形成，伴随组织的成长而发展变化，甚至组织由于各种原因不存在了（如倒闭、被兼并），组织形象也还会在一定时间、一定范围内存在，其生命力超越了组织本身，这体现了组织形象的<u>客观性</u>。

【单选】过去"经久耐用"是构成产品及组织的正面形象，而随着物质生活水平的提高，人们开始希望丰富多彩、追求时髦，某些产品的"经久耐用"已经变成保守、陈旧、落后的象征，甚至构成组织的负面形象了，这体现了组织形象的<u>动态性</u>。

考点四　CI战略——塑造组织形象的利器（第193页）

【单选】CI最早源于<u>第一次世界大战前</u>，当时德国AEG电器公司率先采用的商标成为组织统一视觉形象设计的早期代表。

【单选】1956年，<u>IBM公司建立了一套完整的CI识别系统</u>，成为CI开发成功的典型范例。

【单选】<u>从20世纪60年代至今</u>，是欧美CI运动的<u>全盛</u>时期。

【单选】 1975 年，日本东洋物产株式会社马自达（MAZDA）汽车的开放设计 CI，树立了日本第一个开发组织识别系统的典范。

【单选】 中国台湾最早引入 CI 计划的是大企业家王永庆的台塑关系企业。

【单选】 20 世纪 80 年代后期，作为改革开放的前沿地区的广东，以太阳神集团为代表的一些企业开始导入 CI 计划。

考点五　CIS 的基本构成（第 193～194 页）

【单选/多选】 组织识别系统（CIS）的基本构成包含下列三个子系统：（1）理念识别系统（Mind Identity System），简称 MIS。（2）行为识别系统（Behavior Identity System），简称 BIS。（3）视觉识别系统（Visual Identity System），简称 VIS。

【单选】 理念识别系统（MIS）是组织识别系统的核心与原动力；行为识别系统（BIS）是以明确而完善的经营理念为核心；视觉识别系统（VIS）是运用系统的、统一的视觉符号系统，对外传达组织的经营理念与情报信息，是组织识别系统中最具传播力与感染力的要素，其传播力量最为具体而直接。

【多选】 行为识别系统（BIS）具体包括对内和对外两部分。对内包括干部教育、员工教育、生产福利、工作环境、内部修缮、生产设备、废弃物处理、公害对策、研究开发等；对外包括市场调查、产品开发、公共关系、促销活动、流通政策、代理商、金融业、股市对策、公益性和文化性活动等。

【单选】 组织的理念识别系统（MIS）是实施 CI 的重心。

同步练习

【2018 年 10 月·单选】 VIS 是指（　　）。

A. 理念识别系统　　　　　　　　B. 行为识别系统

C. 视觉识别系统　　　　　　　　D. 组织识别系统

【答案】 C（第 194 页）

第二节　组织形象调查

考点一　组织形象调查（第 194～199 页）

【单选】 组织自我形象的定义：组织自我形象即一个组织自己所期望建立的社会形象，这是一个组织形象管理工作的内在动力、方向、目的和标准。

【单选】作为动力和方向，组织自我形象的要求越高，组织自觉做出组织形象管理努力的可能性就越大；但作为标准和目的，组织自我形象的要求越高，实际的成功率也可能越低。

> **易混淆点**
> 动力和方向方面：组织自我形象的要求与形象管理努力的可能性**成正相关**；
> 标准和目的方面：组织自我形象的要求与实际成功率**成负相关**。

【单选】组织实际形象的定义：组织实际形象即组织的实际状态和行为在公众舆论中的投影、反映，亦即社会公众和社会舆论对组织实际状态和行为的认知和评价。

【多选／论述】试述组织形象调查的过程。

（1）组织自我形象分析。

组织形象管理工作首先需要通过组织内部的调查分析，了解组织的自我评价，揭示组织对组织形象管理工作的期望值，这是组织形象管理调查的第一个环节。

自我形象分析包括以下几个方面：① 组织实态的调查分析；② 员工阶层的调查研究；③ 管理阶层的调查分析；④ 决策阶层的研究分析。

（2）组织实际形象分析。

组织实际形象分析就是通过舆论调查和民意测验，了解组织在社会公众中的知名度和美誉度，测定和分析组织在社会上的实际形象状况，这是组织形象管理调查的第二个环节。

组织实际形象分析包括以下三个步骤：① 公众辨认与分析；② 组织形象地位测量；③ 组织形象要素分析。

（3）组织形象差距分析。

组织形象差距分析即将组织的实际形象与组织的自我形象做比较分析，揭示二者之间的现实差距，指明组织形象管理工作的目标和任务，这是组织形象管理调查的第三个环节。找出差距、发现问题，是组织形象管理工作程序中的重要步骤。

【单选】一个组织的形象蓝图最终来源于决策阶层。

【单选】公众是反映组织形象的镜子，要分析组织的公众形象首先需要找到这面镜子。

【单选／多选】在综合分析公众评价意见的基础上，可以根据知名度和美誉度两项最基本的形象指标，测定组织的实际形象地位。

【单选】知名度指一个组织被公众知晓、了解的程度，是评价组织名气大小的客观尺度，侧重于"量"的评价，即组织对社会公众影响的广度和深度。

【单选】美誉度指一个组织获得公众信任、好感、接纳和欢迎的程度，是评价组织声誉好坏的社会指标，侧重于"质"的评价，即组织的社会影响的美丑、好坏。

【单选/多选】组织形象地位分析:

序号	形象地位	分析
1	高知名度/高美誉度	属于最佳的组织形象管理状态
2	高美誉度/低知名度	属于较为稳定、安全的一种组织形象管理状态
3	低知名度/低美誉度	表明组织形象管理处于不良状态
4	低美誉度/高知名度	表明组织形象管理处于"臭名远扬"的恶劣状态

同步练习

【2018年10月·单选】"臭名远扬"反映的组织形象地位是（　　）。

A. 高知名度/高美誉度　　　　B. 高知名度/低美誉度

C. 低知名度/高美誉度　　　　D. 低知名度/低美誉度

【答案】B（第197页）

第三节　组织形象策划

考点一　组织形象的构成（第199~200页）

【单选/多选/简答/论述】组织形象的构成大致包括以下8个方面:

序号	构成类型	具体内容
1	产品形象	（1）组织的产品形象即公众对组织的产品所形成的认知和评价。 （2）产品形象是整个组织形象的客观基础。 （3）产品形象的基本要素:包括质量、性能、款式、包装、品牌、商标等。 （4）产品的特殊形态:政府的公共政策、组织的工业产品、餐馆的菜肴、宾馆的客房、银行的服务项目、出版社的书籍、电视台的节目、学校培养的学生等
2	管理形象	（1）组织的管理形象即公众对组织的管理行为所形成的认知和评价。 （2）包括组织的管理体制、方针政策、规章制度、办事程序、工作效率、服务态度、人事政策、财政资信、遵守合同的信誉、技术实力、公共关系能力、参与社区活动的影响等

续表

序号	构成类型	具体内容
3	人员形象	（1）组织的人员形象即公众对组织的人员所形成的认知和评价。组织的人员是最活跃的形象载体。 （2）人员形象：包括人员的品行、素质、作风、能力、行为、仪表等。 （3）组织形象的缩影和化身：组织领导人的形象、管理群体的形象、全体员工的形象
4	环境形象	（1）组织的环境形象即公众对组织的内外环境所形成的认知和评价。 （2）组织的环境形象：包括组织的门面、招牌、厂容店貌、展览室、会客室、办公室、生产场地，以及橱窗、指示牌的陈设、装修等，属于组织形象的"硬件"之一
5	文化形象	（1）组织的文化形象即公众对组织的特定文化所形成的认知和评价。通过组织文化系列要素展现出来的形象，构成组织形象的"软件"部分。 （2）组织的特定文化制约着组织形象的个性，标志着组织形象的特定风格。 （3）组织文化：包括组织的价值观念和管理理念，组织的历史与传统，组织的榜样人物和标志性事件，组织的职业意识与职业道德，组织的礼仪与行为规范，以及组织的口号、训诫、厂歌、厂旗、厂服，各种宣传品，均鲜明地体现出一个组织的形象内涵
6	社区形象	（1）组织的社区形象即公众对组织的社区活动形成的认知和评价。组织的社区形象是一种睦邻形象、地方形象、左邻右舍的形象。 （2）社区是组织生存和发展的根基，组织的社会形象首先表现为社区的认知程度和评价状况
7	标识形象	（1）组织的标识形象即公众对组织的标识所形成的认知和评价。 （2）标识本身就是组织形象的标志，能够帮助公众识别和记忆组织的形象。 （3）标识形象包括组织的名称、产品的品牌、商标或徽记，广告代言人、宣传的主题词和典型音乐，标准字体和标准色彩，包装的风格，宣传的格调等
8	媒介形象	组织的媒介形象即公众对组织在大众媒介上有关的宣传报道所形成的认知和评价

【单选/多选】组织形象要素的内涵及外显的表现：

组织形象要素	内涵	外显
产品形象	质量和性能	外观和包装
人员形象	素质、能力	作风、仪表
文化形象	历史传统、价值观念、职业意识	口号、厂歌、厂旗、制服
标识形象	情调、风格、含义	品牌、商标等文字、图案设计

考点二　组织形象策划的基本特性（第 200～202 页）

【单选/简答】简述组织形象策划的基本特性（围绕组织形象主题进行策划的思维原则）。

组织形象管理策划的目标决定了它不同于其他策划的特性主要有 3 个方面：(1)<u>主观性和客观性的统一</u>（第 1 个思维原则）。(2)<u>统一性和差异性的结合</u>（第 2 个思维原则）。(3)<u>恒定性和变通性的统一</u>（第 3 个思维原则）。

> **记忆技巧**
> 缩字记忆法："两统一，一结合。"

考点三　如何建立有效的组织形象（第 202 页）

【多选/简答/论述】试述如何建立有效的组织形象。

一个组织的形象构思与策划成功与否，取决于三个方面的协调与平衡。

(1)<u>组织利益与公众利益</u>的协调与平衡。

组织形象管理学认为，组织的任何发展都应该和自己的公众环境的发展相协调。因此，组织形象管理的目标中，既要反映组织发展的要求，也要反映公众对象对本组织的要求。

(2)<u>总体形象与特定形象</u>的协调与平衡。

组织的组织形象管理目标，一方面要照顾各类公众对象的一般要求，避免"厚此薄彼"；另一方面又要特别突出本组织在首要公众对象心目中的特定形象，以形成特殊的形象风格。

(3)<u>知名度与美誉度</u>的协调与平衡。

知名度和美誉度都是组织形象管理追求的目标，不应偏颇任何一项。一方面，既在主要公众中获得足够分量的好评，也在一般公众心目中赢得普遍的好感；另一方面，既有足够的美誉度，也有相应的知名度。

第四节　CIS 的设计、开发与管理

考点一　CIS 开发的作业程序（第 203～204 页）

【简答】CI 计划开发的作业程序大体分为 3 个阶段：(1)组织实态调查阶段。(2)设计开发阶段。(3)实施管理阶段。

【简答】设计开发阶段 3 个步骤。

(1) 将识别性的抽象概念，转化成象征性的视觉要素。

(2) 开发基本设计要素，以奠定整理传播系统的基础。

(3) 以基本设计要素为基础，展开应用设计要素的开发作业。

【单选】CI 手册的定义：CI 手册是一本阐述组织 CI 战略基本观点与具体作业规范的指导书，是 CI 整体内容的导向，能确保 CI 运行作业的水准，组织可以参照手册中的规则来检查自己的管理体系，可以说 CI 手册是组织极重要的智慧资产。

【简答】组织 CI 应用手册的编制内容：(1) 总论部分。(2) 基本要素。(3) 基本要素组合系统。(4) 应用要素。(5) 标志、标准字印刷样本及标准色色样。

考点二　VIS 的设计与开发（第 204～206 页）

【多选】VIS 的基本要素：包括标志、标准字、标准色、象征图案、组织造型、版面编排模式。

【单选】在 VIS 中，标志是应用最广泛、出现频率最多的要素，是综合所有视觉设计要素的核心。

【单选/多选/简答】标志在 VIS 中具有如下的特性：

序号	特性	内容
1	识别性	是组织标志在视觉传达中的基本功能
2	领导性	是组织视觉传达要素的核心和主导力量
3	同一性	是组织经营抽象精神之具体表征，代表着组织的经营理念、经营内容、产品的特质
4	时代性	在当今消费意识与审美情趣急剧变化的时代，人们追求流行时尚的心理趋势，使标志面临着时代意识的要求，要吻合时代潮流
5	延伸性	标志必须有一定的适合度，即具有相对的规范性的弹性变化
6	系统性	作为 VIS 中的标志的设计，必须考虑到它与其他视觉传达要素的组合运用，因此必须具备系统化、规格化、标准化的要求

【单选】为了塑造组织识别的造型符号，给人以强烈的视觉印象，选择特定的人物、动物、植物作成具象化的造型，以其风格夸张、亲切可爱、幽默滑稽的形态捕捉消费大众的视线，以强化组织性格，表达产品或服务的特质，更贴近消费者。所以组织造型又有一个人们非常熟悉的名称叫组织的"吉祥物"。

【多选】组织造型或"吉祥物"的设计题材大致有如下几类：(1) 人物类。(2) 动物类。(3) 植物类。(4) 产品类。

> **同步练习**
>
> 【2017年4月·单选】在VIS中，应用最广泛、出现频率最多的要素是（　　）。
> A. 标准字　　　　　　　　　　B. 标准色
> C. 组织造型　　　　　　　　　D. 标志
>
> 【答案】D（第204页）

章节训练

一、单项选择题

1. 下列选项，属于组织外在形象的是（　　）。
   A. 组织目标　　　　　　　　　B. 组织风气
   C. 典礼仪式　　　　　　　　　D. 组织精神

2. 组织识别系统（CIS）中的"MIS"是（　　）。
   A. 理念识别系统　　　　　　　B. 行为识别系统
   C. 视觉识别系统　　　　　　　D. 价值识别系统

3. 组织识别系统的核心与原动力是（　　）。
   A. 制度识别系统　　　　　　　B. 行为识别系统
   C. 视觉识别系统　　　　　　　D. 理念识别系统

4. 组织识别系统中最具传播力与感染力的要素是（　　）。
   A. 理念识别系统　　　　　　　B. 行为识别系统
   C. 视觉识别系统　　　　　　　D. 听觉识别系统

5. 属于最佳组织形象管理状态的组织形象地位是（　　）。
   A. 高知名度/高美誉度　　　　　B. 高知名度/低美誉度
   C. 低知名度/高美誉度　　　　　D. 低知名度/低美誉度

6. 组织的"吉祥物"是指组织的（　　）。
   A. 标志　　　　　　　　　　　B. 组织造型
   C. 组织象征图案　　　　　　　D. 标准字

二、多项选择题

1. 构成组织实态形象的要素有（　　　）。

    A. 组织生产经营规模　　　　B. 利润

    C. 服务质量　　　　　　　　D. 市场占有情况

    E. 产值

2. 根据公众对组织形象因素的关注程度，可将组织形象划分为（　　　）。

    A. 主导形象　　　　　　　　B. 辅助形象

    C. 直接形象　　　　　　　　D. 间接形象

    E. 负面形象

3. VIS 的构成要素包括（　　　）。

    A. 标志　　　　　　　　　　B. 标准字

    C. 标准色　　　　　　　　　D. 象征图案

    E. 组织造型

三、简答题

简述组织形象策划的基本特性。

四、论述题

试述组织形象的构成。

参考答案及解析

一、单项选择题

1. 【答案】C（第 191 页）

【解析】外在形象则是指组织的名称、商标、广告、厂房、厂歌、产品的外观和包装、典礼仪式、公开活动等看得见、听得到的部分，是内在形象的外在表现。

2. 【答案】A（第 194 页）

【解析】理念识别系统（Mind Identity System），简称 MIS。

3. 【答案】D（第 194 页）

【解析】理念识别系统（MIS）是组织识别系统的核心与原动力。

4. 【答案】C（第 194 页）

【解析】视觉识别系统（VIS）是运用系统的、统一的视觉符号系统，对外传达组织的经营理念与情报信息，是组织识别系统中最具传播力与感染力的要素。

5.【答案】A（第196页）

【解析】高知名度／高美誉度。组织处于这种形象地位，属于最佳的组织形象管理状态。

6.【答案】B（第206页）

【解析】组织造型又有一个人们非常熟悉的名称叫组织的"吉祥物"。

二、多项选择题

1.【答案】ABCDE（第191页）

【解析】诸如组织生产经营规模、产品和服务质量、市场占有情况、产值和利润等，都属于组织的实态形象。

2.【答案】AB（第191页）

【解析】这是根据公众对组织形象因素的关注程度来划分的。

3.【答案】ABCDE（第204页）

【解析】VIS中包括标志、标准字、标准色、象征图案、组织造型、版面编排模式等基本要素。

三、简答题

【答案】组织形象管理策划的目标决定了它不同于其他策划的特性主要有3个方面：(1)主观性和客观性的统一。(2)统一性和差异性的结合。(3)恒定性和变通性的统一。（第200～202页）

四、论述题

【答案】组织形象的构成大致包括以下八个方面：

(1) 组织的产品形象，即公众对组织的产品所形成的认知和评价。

(2) 组织的管理形象，即公众对组织的管理行为所形成的认知和评价。

(3) 组织的人员形象，即公众对组织人员所形成的认知和评价。

(4) 组织的环境形象，即公众对组织的内外环境所形成的认知和评价。

(5) 组织的文化形象，即公众对组织的特定文化所形成的认知和评价。

(6) 组织的社区形象，即公众对组织的社区活动所形成的认知和评价。

(7) 组织的标识形象，即公众对组织的标识所形成的认知和评价。

(8) 组织的媒介形象，即公众对组织在大众媒介上有关的宣传报道所形成的认知和评价。

（第199～200页）

第十章 公共关系危机管理

◆ 知识框架

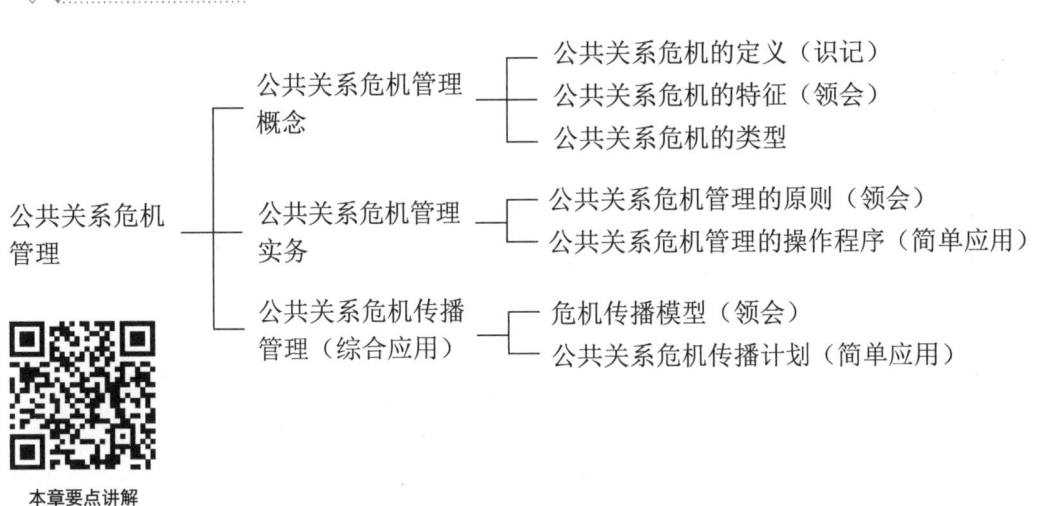

本章要点讲解

第一节 公共关系危机管理概念

考点一 公共关系危机的定义（第 207～214 页）

(一) 危机的定义

【单选】在英文韦氏词典中，"危机"被定义为"有可能变好或变坏的转折点或关键时刻"。研究危机的先驱C.F.赫尔曼认为：危机是威胁到决策集团优先目标的一种形势，在这种形势中，决策集团做出反应的时间非常有限，且形势常常向令决策集团惊奇的方向发展。

【多选】赫尔曼、罗森塔尔、巴顿的定义较为有代表性。

【单选】赫尔曼对危机的定义着重是从决策的角度分析的。

【单选】罗森塔尔的定义是针对赫尔曼的局限性进行修改的，更强调危机的本质。

【单选】巴顿的定义将危机的表现形态展现出来，注意到传播沟通及形象和声誉在危机中的重要性，涉及公共关系的基本要素。

【多选】按罗森塔尔的定义，危机可以是自然灾害，也可以是人为因素引起的冲突、战争等；危机既可以发生在企业，也可以发生在政府等组织中。

（二）危机管理的定义

【多选】危机管理在西方研究中又被称为紧急事件管理，紧急事件的风险管理和灾难风险管理。

【单选】格林（Green）注意到危机管理的一个特征是"事态已发展到无法控制的程度"。一旦发生危机，时间因素非常关键，减少损失将是主要的任务。

【单选／多选】罗伯特·希斯对于危机管理的理解是通过图形表现出来的。整个危机管理过程中包括两个阶段：（1）危机初期的反应阶段。（2）危机后期的恢复阶段。

【单选】实现危机管理的最终目标：最大限度地减少组织的一切损失，包括形象、声誉等。

【单选】对危机管理定义的2点归纳：（1）危机管理就是尽可能控制事态，减少损失。（2）危机管理的过程就是危机信息传播与沟通的过程。

（三）危机管理与危机传播

【单选】对于危机传播的研究主要集中于3个学科：传播学、管理学及公共关系学。

【单选】美国学者库姆斯认为：危机传播实质上就是危机管理。

【单选】格鲁尼格教授，认为良好的危机传播始于危机爆发之前，在决策之前与公众沟通是解决问题和危机的最有效的方法。

【单选】英国学者迈克尔·里杰斯特一针见血指出，"只有进行有效的传播管理，才能进行有效的危机管理"，这的确是对危机传播本质特征的精准把握。

【单选】危机管理、危机传播、风险管理及风险传播4个相关概念的区别：

序号	概念	相关内容
1	危机管理	旨在如何管理危机并最大限度地避免之
2	危机传播	重在最大限度地向内外公众以及媒体告知事件的信息
3	风险管理	是识别危险并预测相关的危机公众的风险
4	风险传播	是在危机发生的各个阶段如何与公众进行沟通。实质上，风险传播就是危机传播

（四）危机管理的阶段分析模型

【单选】危机管理的阶段划分主要有四阶段说、五阶段说和三阶段说。

四阶段说：（1）PPRR说，即预防（Prevention）、准备（Preparation）、反应（Response）、恢复（Recovery）。（2）MPRR说，即减缓（Mitigation）、预防（Prevention）、反应（Response）、恢复（Recovery）。（3）罗伯特·希斯提出的4R说：减少（Reduction）、预备（Readiness）、反应（Response）、恢复（Recovery）。

【单选/多选】斯蒂文·芬克在1986年提出了四段论，较为完整地概括了上述阶段说的内容。（1）第一个阶段是危机潜在期。（2）第二个阶段是危机突发期。（3）第三个阶段叫作危机蔓延期。（4）第四个阶段叫作危机恢复期，也可以称为危机解决阶段。

【单选】危机蔓延期：是危机过程中时间最长的一个阶段。

【多选/简答】五阶段说。

米特罗夫将危机管理分成五个阶段：

序号	阶段	相关内容
1	信号侦测	识别新的危机发生的警示信号并采取预防措施
2	探测和预防	组织成员搜寻已知的危机风险因素并尽力减少潜在损害
3	控制损害	危机发生阶段，组织成员努力使其不影响组织运作的其他部分或外部环境
4	恢复阶段	尽可能快地让组织运转正常
5	学习阶段	组织成员回顾和审视所采取的危机管理措施，并整理使之成为今后的运作基础

【多选】三阶段说：主要将危机过程分为危机前的事前管理，危机发生时的事中管理，危机恢复即危机后的事后管理。

（五）公共关系危机的定义

【单选】公共关系危机与危机公共关系的区别：公共关系危机是危机的一种表现形态，即组织的传播沟通管理等活动处于危机状态；危机公共关系则是危机的一种处理手段，即将公共关系手段运用于危机管理过程中。

【多选】"一个企业具备的公共关系能力包括：沟通能力、强烈的品牌意识和科学的危机管理手段。"这一说法可以推而广之到各种组织中。

【单选】危机已经越来越成为组织发展的"常态"，由此如何认识公共关系危机就愈加重要。

【单选】公共关系危机定义：公共关系危机对组织的公共关系管理系统及组织与公众的传播与沟通活动造成威胁，使组织的声誉和形象受损，在时间和不确定性极高的情况下迅速做出决策的事件。

（六）公共关系危机管理的定义

【单选】危机管理的目的：最大限度地减少危机带来的损失和伤害。

【单选】公共关系危机管理的定义：公共关系危机管理就是危机传播管理。它通过对危机信息的传播与沟通，获得公众的理解与支持，最大限度地减少危机带来的形象损失和信誉损失。

同步练习

1. 【2016年10月·单选】将危机定义为"有可能变好或变坏的转折点或关键时刻"的是（　　）。
   A. 赫尔曼　　　　　　　　　B. 英文韦氏词典
   C. 乌里尔·罗森塔尔　　　　D. 巴顿
   【答案】B（第207页）

2. 【2018年4月·单选】危机管理阶段划分"4R"说的提出者是（　　）。
   A. 斯蒂文·芬克　　　　　　B. 罗伯特·希斯
   C. 米特罗夫　　　　　　　　D. 佩尔森
   【答案】B（第211页）

考点二　公共关系危机的特征（第214～217页）

【多选/简答】公共关系危机既具有一般危机的特征，如突发性、不确定性；还具有其自身的特征，如舆论关注性、"连锁"破坏性和"溢出效应"等。

（1）突发性。突发性是公共关系危机最为明显的特征。

（2）不确定性。

（3）舆论关注性。

（4）"连锁"破坏性。舆论危机—信任危机—形象危机或声誉危机。

（5）"溢出效应"。公共关系危机的"溢出效应"表明危机不是封闭性传播，而是发散式传播，危机将越来越多表现为全球性危机。

【单选】突发性是公共关系危机最为明显的特征。

【多选】不确定性包含2个方面内容：（1）公共关系危机呈现的状态不确定。（2）不确定决策。

【多选】危机状态下的组织对舆论关注性有2类反应：（1）能够积极配合媒体，将组织及时处理危机事件的态度、勇于承担责任的组织形象通过媒体传播给公众。（2）无视媒体的传播效应，拒绝与媒体合作，不提供信息或向媒体提供不真实的信息。

考点三　公共关系危机的类型（第217页）

【单选/多选/简答】公共关系危机的类型：

序号	划分标准	划分类型
1	按渊源划分	自然原因导致的和人为因素导致的，即"天灾"与"人祸"
2	按组织类别划分（依据行业属性划分）	企业公共关系危机、政府公共关系危机、非营利组织公共关系危机
3	按性质划分	产品危机、服务危机、信任（誉）危机、舆论（媒体关系）危机、形象危机、品牌危机等

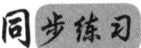

【2016年10月·单选】公共关系危机最为明显的特征是（　　）。

A. 不确定性　　　　　　　　B. 突发性

C. 连锁破坏性　　　　　　　D. 溢出效应

【答案】B（第214页）

第二节　公共关系危机管理实务

考点一　公共关系危机管理的原则（第217～221页）

【单选】迈克尔·里杰斯特强调"对危机持一种正确积极的态度"。

【简答/案例分析】公共关系危机管理的原则：(1) 及时性原则。(2) 主动性原则。(3) 真实性原则。(4) 公开性原则。(5) 战略性原则。(6) 公众至上原则。

【单选】加拿大道氏化学公司的唐纳德·斯蒂芬森认为："危机发生的第一个24小时至关重要，如果你未能很快地行动起来并已准备好把事态告知公众，你就可能被认为有罪，直到你能证明自己是清白的为止。"

【单选】"没有你的信息，就是别人的信息；没有你的正面信息就可能是你的负面信息。"该句话指的是公共关系危机管理原则中的公开性原则。

考点二　公共关系危机管理的操作程序（第221～223页）

【多选】公共关系危机管理的操作程序分为危机预防（事前管理）、危机管理（事中管理）和危机恢复（事后管理）三个部分。

（一）公共关系危机预防

【单选】危机管理的关键是危机预防。

【单选】公共关系危机管理的目的就是最大限度地减少组织形象的受损程度。诱发危机的原因很多，除了自身内部因素外，还有更多的原因来自外力的破坏。

【多选】公共关系危机预防包括2个方面含义：(1) 预防危机发生的最好办法是平时注重组织的良好管理，塑造良好形象。(2) 针对公共关系危机建立专门的预警机制。

【多选/简答】危机预警机制包括如下4个方面：(1) 建立信息监测（预警）系统，信息监测系统的建立旨在对危机信息的收集、分析、整理、预测等。(2) 组建危机管理小组。(3) 充足的资源保障。(4) 仿真"演习"。

【多选】建立信息监测（预警）系统中，收集的信息不仅应包括<u>潜在危机的征兆、信号</u>，还应包括整个组织的<u>机构运营状况</u>、<u>人员配备</u>、<u>物资储备</u>等基本情况；不仅应包括组织<u>内部</u>的各种信息，还应包括组织<u>外部的社会信息</u>、<u>媒体信息</u>、<u>公众意见</u>等。

【单选/多选】组织的危机管理小组可以是专设机构，也可以是由各部门人员兼职组成的临时机构。危机管理小组必须获得授权，以使其在危机爆发后，能拥有危机管理的最高决策权力。危机管理小组的成员：必须包括组织的<u>最高决策者</u>。同时还应包括专业性的<u>公共关系人员</u>、<u>组织管理人员</u>、<u>法律人员</u>、<u>财务人员</u>等。

【多选】资源保障包括两个方面：<u>人力资源和物力资源</u>。

【单选】2003年"非典型肺炎"期间，广州出现抢购板蓝根恐慌，导致板蓝根脱销，物价上涨。这表明<u>充足的物资保障</u>是十分必要的。

（二）公共关系危机管理——事中管理

【单选】<u>公共关系危机管理</u>是组织危机管理的<u>核心阶段</u>。

【多选/简答】简述公共关系危机管理的内容。

公共关系危机管理是组织危机管理的核心阶段，包括以下几个方面。第一，<u>调查了解、获取第一手材料</u>。第二，<u>制定暂时的对外传播时间表</u>。第三，<u>启动危机管理小组</u>，<u>制定危机管理计划</u>。第四，<u>危机管理</u>。第五，<u>总结经验</u>。

【单选/多选】危机管理计划必须明确危机解决<u>方案</u>、<u>目标</u>和<u>策略</u>等内容。

【单选/多选】在危机管理过程中，组织的缺陷会暴露出来。例如<u>组织机构设置不合理</u>；<u>缺乏专业的公共关系危机管理人员</u>；<u>缺乏危机预防意识</u>等。

（三）公共关系危机后的形象、声誉恢复——事后管理

【单选】公共关系危机后的形象、声誉恢复主要是针对总结的<u>经验</u>进行改进。既包括组织的"硬件"改进，也包括组织的"软件"提升。

【单选】迈克尔·里杰斯特所言："<u>危机经常成为组织的一个转折点</u>。它为组织建立富有竞争力的声誉、树立组织的形象和处理组织的重大问题创造了机会。"

同步练习

【2017年10月·多选】公关危机预警机制包括（　　）。

A. 建立信息监测系统　　　　B. 组建危机管理小组
C. 充足的资源保障　　　　　D. 制定对外传播时间表
E. 仿真"演习"

【答案】ABCE（第221～222页）

第三节　公共关系危机传播管理

【单选】公共关系危机管理的<u>本质</u>：公共关系危机传播管理。（第 223 页）

考点一　危机传播模型（第 223～224 页）

【单选/多选/简答】危机传播领域的理论模式目前有：（1）<u>斯蒂文·芬克</u>的<u>阶段分析</u>理论。（2）<u>班尼特</u>的战略分析理论（<u>形象修复</u>理论）。（3）<u>伯克兰</u>的<u>焦点事件</u>理论。（4）<u>卓越理论</u>。

【单选】<u>班尼特</u>的战略分析理论（形象修复理论）<u>既适用于组织，也适用于个人</u>。

【多选/简答】简述卓越理论构建所依赖的基础模型。

这一理论主要是在公共关系学视角下发展形成的，建立在格鲁尼格和（Hunt）1984 年提出的公共关系卓越理论之上，其理论建构主要依赖于公共关系的四个模型。模型一：<u>新闻代理模型</u>。模型二：<u>公共信息模型</u>。模型三：<u>双向非对称模型</u>。模型四：<u>双向对称模型</u>。

同步练习

1. 【2018 年 10 月·多选】危机传播领域的理论模式有（　　）。

   A. 阶段分析理念　　　　　　　B. 战略分析理论

   C. 焦点事件理论　　　　　　　D. 卓越理论

   E. 莫斯分析理论

   【答案】ABCD（第 223～224 页）

2. 【2018 年 10 月·单选/2016 年 4 月·单选】形象修复理论的提出者是（　　）。

   A. 芬克　　　　　　　　　　　B. 班尼特

   C. 伯克兰　　　　　　　　　　D. 格鲁尼格

   【答案】B（第 223 页）

考点二　公共关系危机传播计划（第 224～227 页）

【多选/简答】公共关系危机传播计划。

公共关系危机传播过程涉及 3 个变量因素：<u>传者——危机新闻中心（新闻发言人）</u>、<u>媒介</u>、<u>受传者——公众</u>。公共关系危机传播计划就是围绕这三者展开的。（1）把好"<u>传者</u>"关。（2）善用"<u>媒介</u>"。（3）重视"<u>公众</u>"。

【论述】在公共关系危机传播管理中，怎样把好"传者"关？

作为危机传播的信息发布者，危机新闻中心担当着重要的"传者"角色。

第一，建立完善的危机新闻中心。良好的信息管理机构的建立充当着危机传播中信息的收集、发布、传播、反馈的功能。

第二，设立新闻发言人——"谁来说"。

新闻发言人代表着组织，他的一言一行都事关组织的形象。

（1）新闻发言人的选择。

新闻发言人必须具备沉着冷静的思考能力、适应突发事件的应变能力、善于言辞的口头表达能力、善于沟通的人际关系能力等。同时，还必须第一时间接触危机事件的详细内容，掌握组织内外的一切信息。

（2）新闻发言人的类型。

两种类型：高官发言人和专职发言人。高官发言人是指组织的最高决策者，例如企业董事长、政府领导等。

专职发言人是指组织的专业人员，例如公共关系人员、法律人员等。

第三，"用一个声音说话。"——"说什么"。

组织进行信息传播时，必须指定新闻发言人作为组织的唯一"声音出口"；对外尤其面对媒体的信息最好是组织内部撰写的统一的新闻稿，新闻稿的内容不能使用专业术语，避免公众难以理解。

第四，建立梯度信息发布机制——"怎么说"。

危机信息发布不可能采用"一次性告知"方式；相反"无可奉告"方式更不可取，它只会加剧公众恐慌心理，恶化危机；而"挤牙膏"式的告知方式则不能充分表明组织的诚意，也不可取。

梯度信息发布机制是指遵照危机状态下的公众心理需求，依照信息发布的"度"的原则，有计划分步骤地进行信息发布。

【单选／多选／简答】如何善用"媒介"？

媒介在公共关系危机传播中，是"公众情绪的'风向标'，更是公众情绪的'催化剂'、'导航员'"。

（1）要选择指定的媒体代表发布信息。

（2）对媒体应"一视同仁"。

（3）召开媒体恳谈会。

【多选/简答】如何重视"公众"？

危机发生后，组织的声誉与形象的维护都需要公众的支持。

（1）<u>发布信息，表达"公众至上"的理念</u>。

（2）<u>动态沟通，信任公众</u>。

章节训练

一、单项选择题

1. 从决策的角度定义危机的学者是（　　　）。

　　A. 赫尔曼　　　　　　　　　B. 罗森塔尔

　　C. 巴顿　　　　　　　　　　D. 佩尔森

2. 通过图形来表现对危机管理理解的学者是（　　　）。

　　A. 罗伯特·希斯　　　　　　B. 米特罗夫

　　C. 佩尔森　　　　　　　　　D. 泰莱诺尔

3. 组织危机管理的核心阶段是（　　　）。

　　A. 事前管理　　　　　　　　B. 事中管理

　　C. 事后管理　　　　　　　　D. 宣传教育

4. 提出"危机经常成为组织的一个转折点"的是（　　　）。

　　A. 库姆斯　　　　　　　　　B. 迈克尔·里杰斯特

　　C. 格鲁尼格　　　　　　　　D. 斯蒂文·芬克

5. 斯蒂文·芬克提出的危机传播理论是（　　　）。

　　A. 战略分析理论　　　　　　B. 阶段分析理论

　　C. 焦点事件理论　　　　　　D. 卓越理论

6. 班尼特的形象修复理论（　　　）。

　　A. 仅适用于个人　　　　　　B. 仅适用于组织

　　C. 既适用于组织也适用于个人　D. 既不适用于组织也不适用于个人

7. 焦点事件理论的提出者是（　　　）。

　　A. 伯克兰　　　　　　　　　B. 格鲁尼格

　　C. 班尼特　　　　　　　　　D. 芬克

二、多项选择题

1. 斯蒂文·芬克将危机管理阶段划分为（　　）。
   A. 危机潜在期　　　　　　　　B. 危机突发期
   C. 危机反应期　　　　　　　　D. 危机蔓延期
   E. 危机恢复期

2. 公共关系危机的特征（　　）。
   A. 突发性　　　　　　　　　　B. 不确定性
   C. 舆论关注性　　　　　　　　D. "连锁"破坏性
   E. "溢出效应"

3. 公关卓越理论建构所依赖的模型包括（　　）。
   A. 新闻代理模型　　　　　　　B. 公共信息模型
   C. 双向非对称模型　　　　　　D. 双向对称模型
   E. 单向非对称模型

三、简答题

简述公关危机事中管理的内容。

四、论述题

在公共关系危机传播管理中，怎样把好"传者"关？

五、案例分析题

2004年伊始，"禽流感"在亚洲爆发，越南、泰国等国家的疫情尤为严重。我国广西、湖北等省份也陆续发现疫情。以家禽为主要原材料的饮食业也随之受到严重影响，肯德基就是其中之一。

百胜餐饮集团（肯德基母公司）面对日益恶化的经营环境在全国做了基本调查发现，在中国的1 000多家餐厅虽营业正常，但在某些地区顾客已有所减少，原因除了在于禽流感引起的国人"谈鸡色变"，还部分在于有关于越南肯德基已将产品中的"鸡肉"换成了"鱼肉"，而且一些当地餐厅已经关闭的消息早就通过网络媒体传入了中国。

肯德基迅速启动危机管理预案并召开记者发布会，一方面强调肯德基在中国地区的全部餐厅所使用的鸡肉原材料均来自中国本土最有信誉的供应商，这些商家及其产品均获得了ISO9001认证和HACCP（危害分析和关键控制点）认证，可以保证食材的安全性；另一方面，澄清越南肯德基闭店及更换食材的真实原因在于越南本地合格鸡肉原材料供应出现了问题，并非肯德基所用鸡肉没有安全保障。之后，该公司又于 2004 年 2 月 5 日首次向社会公开了食品的基本制作工艺，不惜透露"身家"秘诀。此举使肯德基成功渡过了禽流感危机。

请运用公关危机管理原则相关知识并结合案例，分析评价肯德基对此次事件的处理。

参考答案及解析

一、单项选择题

1.【答案】A（第 207 页）

【解析】赫尔曼对危机的定义着重是从决策的角度分析的。

2.【答案】A（第 208 页）

【解析】罗伯特·希斯，对于危机管理的理解是通过图形表现出来的。

3.【答案】B（第 222 页）

【解析】公共关系危机管理——事中管理是组织危机管理的核心阶段。

4.【答案】B（第 223 页）

【解析】迈克尔·里杰斯特提出："危机经常成为组织的一个转折点。"

5.【答案】B（第 223 页）

【解析】斯蒂文·芬克的阶段分析理论是把危机过程划分为危机潜在期、危机突发期、危机蔓延期、危机解决期四个阶段，该理论的优点是提供了一个综合性的、循环往复的危机过程。

6.【答案】C（第 223 页）

【解析】班尼特的战略分析理论（形象修复理论），他的理论既适用于组织，也适用于个人。

7.【答案】A（第 224 页）

【解析】托马斯·伯克兰在 1997 年提出了另外一种危机传播事件的视角，其理论基础建立在议程设置功能和对危机传播事件的公共政策运用上，认为那些"突然发生的、不可预知的事件（焦点事件）"在促进公共政策讨论方面起着重要作用。

二、多项选择题

1.【答案】ABDE（第 212 页）

【解析】斯蒂文·芬克在 1986 年提出了四段论，第一个阶段是危机潜在期，第二个阶段是危机突发期，第三个阶段叫危机蔓延期，第四个阶段叫危机恢复期。

2.【答案】ABCDE（第 214～217 页）

【解析】公共关系危机既具有一般危机的特征，如突发性、不确定性；还具有其自身的特征，如舆论关注性、"连锁"破坏性和"溢出效应"等。

3.【答案】ABCD（第 224 页）

【解析】卓越理论其理论建构主要依赖于公共关系的四个模型。模型一：新闻代理模型。模型二：公共信息模型。模型三：双向非对称模型。模型四：双向对称模型。

三、简答题

【答案】公共关系危机管理是组织危机管理的核心阶段，包括以下几个方面。第一，调查了解、获取第一手材料。第二，制定暂时的对外传播时间表。第三，启动危机管理小组，制定危机管理计划。第四，危机管理。第五，总结经验。（第 222 页）

四、论述题

【答案】作为危机传播的信息发布者，危机新闻中心担当着重要的"传者"角色。

第一，建立完善的危机新闻中心。良好的信息管理机构的建立充当着危机传播中心信息的收集、发布、传播、反馈的功能。

第二，设立新闻发言人——"谁来说"。新闻发言人代表着组织，他的一言一行都事关组织的形象。

（1）新闻发言人的选择。

新闻发言人必须具备沉着冷静的思考能力、适应突发事件的应变能力、善于言辞的口头表达能力、善于沟通的人际关系能力等。同时，还必须第一时间接触危机事件的详细内容，掌握组织内外的一切信息。

（2）新闻发言人的类型。

两种类型：高官发言人和专职发言人。高官发言人是指组织的最高决策者，例如企业董事长、政府领导等。

专职发言人是指组织的专业人员，例如公共关系人员、法律人员等。

第三，"用一个声音说话。"——"说什么"。

组织进行信息传播时，必须指定新闻发言人作为组织的唯一"声音出口"；对外尤其面对媒体的信息最好是组织内部撰写的统一的新闻稿，新闻稿的内容不能使用专业术语，避免公众难以理解。

第四，建立梯度信息发布机制——"怎么说"。

梯度信息发布机制是指遵照危机状态下的公众心理需求，依照信息发布的"度"的原则，有计划分步骤地进行信息发布。（第 225～226 页）

五、案例分析题

【答案】（1）组织在危机管理中应坚持及时、主动、真实、公开、战略和公众至上的原则。

（2）肯德基坚持了公开性原则，表现为向社会公开食材来源和食品制作工艺。

（3）肯德基坚持了真实性原则，表现为向社会澄清越南肯德基餐厅关闭和"鸡肉"改"鱼肉"的真正原因。

（4）肯德基坚持了战略性原则，表现为开展了全国范围的全面调查，冷静地分析并召开了记者发布会。

（5）肯德基坚持了公众至上原则，表现为召开记者发布会以保障公众的知情权，使公众获得尊重，由此获得公众信任。

（6）肯德基没有很好地把握及时性原则，表现为没有在禽流感发生的 24 小时内意识到这场危机的重要性，也没有在第一时间作出反应。

（7）肯德基没有很好地把握主动性原则，表现为肯德基在了解部分餐厅顾客减少后，才被动地启动应急预案，召开记者发布会说明情况。

（8）肯德基应对禽流感危机的工作虽属"亡羊补牢"，但终究救了企业的生命。（第 217～221 页）